J'ARRÊTE D'ÊTRE PARFAITE !

Groupe Eyrolles
61, bd Saint-Germain
75240 Paris Cedex 05
www.editions-eyrolles.com

Dépôt légal : janvier 2018
IMPRIMÉ EN FRANCE

Achevé d'imprimer en janvier 2018
sur les presses de l'imprimerie *La Source d'Or*
63039 Clermont-Ferrand
Imprimeur n° 13654

Dans le cadre de sa politique de développement durable,
La Source d'Or a été référencée IMPRIM'VERT® par son organisme consulaire de tutelle.
Cet ouvrage est imprimé - pour l'intérieur - sur papier offset standard 90 g,
provenant de la gestion durable des forêts,
produit par des papetiers dont les usines
ont obtenu les certifications environnementales ISO 14001 et E.M.A.S.

Illustrations originales : Sophie Lambda
Création de maquette : Hung Ho Thanh
Mise en pages : STDI

ISBN : 978-2-212-56879-0

Cindy Ghys

J'ARRÊTE D'ÊTRE PARFAITE !

21 jours pour lâcher prise

EYROLLES

La collection « J'arrête de… » est dirigée par Anne Ghesquière, fondatrice du magazine FemininBio.com, pour mieux vivre sa vie !

Dans la même collection :

J'arrête de stresser !, Patrick Amar et Silvia André
J'arrête d'avoir peur !, Marie-France et Emmanuel Ballet de Coquereaumont
J'arrête d'être mal dans mon couple !, Marie-France et Emmanuel Ballet de Coquereaumont
J'arrête de procrastiner !, Diane Ballonad Rolland
J'arrête les relations toxiques !, Marion Blique
J'arrête de (me) juger !, Olivier Clerc
J'arrête d'être jaloux(se) !, Bernard Geberowicz
J'arrête d'être hyperconnecté !, Catherine Lejealle
J'arrête de surconsommer, Marie Lefèvre et Herveline Verbeken
J'arrête la malbouffe !, Marion Kaplan
J'arrête de râler ! L'intégrale, Christine Lewicki
J'arrête de râler sur mes enfants (et mon conjoint) !, Christine Lewicki et Florence Leroy
J'arrête d'être addict !, Olivier Lockert et Gérard Cervi
J'arrête d'être débordée !, Barbara Meyer et Isabelle Neveux
J'arrête de ramollir !, Barbara Meyer
J'arrête de me trouver nul(le) !, Clotilde Poivilliers
J'arrête de m'épuiser !, Marlène Schiappa et Cédric Bruguière
J'arrête le superflu !, Joanne Tatham

Du même auteur :

Ils eurent beaucoup d'enfants et un paquet de linge sale : 10 secrets pour en finir avec le mythe de la famille parfaite, autoédition, 2017

Remerciements

Tout d'abord, merci à toi, chère lectrice (et cher lecteur curieux), pour ta confiance, ton temps et ton cœur.

Je remercie tous ceux dont j'ai croisé le chemin et qui, en m'ouvrant ou en me fermant des portes, ont déclenché mes prises de conscience et l'énergie de transformer mes rêves en réalité. En bref, merci à la Vie pour ses cadeaux parfois mal emballés, voire douteux.

Je remercie mon mari, Thomas Ghys, pour son soutien extraordinaire et sa patience quand je préférais être focalisée sur mon manuscrit plutôt que sur un moment famille.

Merci également à mes filles pour leur flexibilité et leur créativité lorsqu'elles transformaient les caisses en carton du *drive* en lits, bateaux ou châteaux forts me laissant ainsi mener à bien ce projet.

Un grand merci à Florence Leroy, auteur de *J'arrête de râler sur mes enfants (et mon conjoint)*, et à l'éditrice Gwénaëlle Painvin, pour leurs conseils avisés. Je remercie aussi Anne Ghesquière pour la direction de la collection des « J'arrête de » et je salue le travail minutieux de Béatrice Le Rouzic et de Sandrine Navarro. Toute ma reconnaissance va également aux personnes en charge de la promotion et de la diffusion de cet ouvrage : avec vous, cela change tout.

Un immense merci à Sophie Lambda pour ses illustrations et son travail remarquable !

Une bise à Estelle Ghys pour la relecture de mes brouillons et ses remarques bienveillantes.

Un clin d'œil à tous ceux qui m'entourent, dans le visible comme l'invisible.

Sommaire

Les règles du jeu

Une fois n'est pas coutume, je propose que l'on se tutoie. Aussi, tu vas vite remarquer que j'écris au féminin. Non pas que le perfectionnisme soit une affaire de femmes, mais c'est tout simplement ma spécialité ! (Ami lecteur, tu es quand même le bienvenu, car ce qui suit pourrait bien t'aider à mieux comprendre les pétages de plombs de ta dulcinée, mais ça reste entre nous. Après avoir lu ce livre, tu pourras même le lui offrir avec un petit mot : « Je t'aime telle que tu es. »)

J'ai eu envie d'écrire ce livre comme si nous étions entre nous autour d'un café, sur un canapé. Sans prise de tête avec la norme qui voudrait que nous soyons très sérieuses, distantes et... parfaites ! Après tout, nous allons échanger des histoires personnelles, je vais te confier mes secrets, alors soyons nous-mêmes. En tout cas, il y a certainement des choses que tu ne voudras pas oublier. J'ai fait comme si tu commençais la lecture un lundi avec un plan sur 21 jours. En semaine, je te propose des questions d'autocoaching pour aller plus loin dans ta réflexion et des moyens de passer à l'action avec un petit rituel pour vivre le changement. Les week-ends, le programme est plus cool, avec une playlist personnalisée et un diplôme très particulier...

Avant d'aller plus loin, je te propose de noter ton niveau de douleur du perfectionnisme dans ta vie : ....../10. Mon objectif est que tu retrouves plus de joie dans ton quotidien. Tu feras à nouveau cet exercice à la fin de la lecture et tu pourras voir ton évolution. Ce qui fera vraiment la différence, ce sont tes passages à l'action et ce que tu vas mettre en pratique.

Enfin, à l'issue de ce parcours, tu pourras imprimer un cadre à accrocher chez toi pour graver notre rencontre à jamais. Prends de quoi noter, du fluo et un joli carnet que tu auras plaisir à utiliser (pas le moins cher de ton supermarché). Tu es plutôt salé ou sucré ? Fais-toi plaisir, ici on s'engage sur une route où le plan n'est pas d'être parfaite, mais heureuse !

Mon histoire

Je me présente, Cindy Ghys, jugée coupable de « peut mieux faire » pendant près de vingt-cinq ans d'incarcérations successives pour délit de perfectionnisme et d'autocritiques consécutives sans préméditation. À l'âge de 4 ans, je décrochais mon premier concours national de piano avec félicitations du jury et j'étais cette petite fille aux collants parfaitement blancs, aux chaussures impeccablement vernies et à la robe sans faux plis. À 15 ans, je remplaçais mes déjeuners par quelques vitamines et j'étais cette jeune fille prête à tout pour avoir le corps parfait qui me ferait sentir aimée et aimable. Aujourd'hui, quand je regarde des photos de cette époque, je me trouve vraiment mince, pourtant je me souviens que je me regardais dans le miroir en me traitant de grosse vache. À l'approche de mes 30 ans, j'étais incapable de profiter du moment présent avec mes enfants, étouffée sous les décombres de l'épuisement et du désespoir de l'imperfection. Les miettes, le régurgit, l'horloge, le panier de linge sale, tout me rappelait que je n'étais pas à la hauteur. J'étais en plein burn-out, grillée par mes propres exigences.

J'ai grandi avec des « Quand on veut, on peut ! » et des « Tu me remercieras plus tard ». Pendant longtemps je n'ai pas compris pourquoi j'avais la sensation de n'être jamais assez. Aucune bonne note, médaille de piano ou félicitations du jury n'ont pu combler ce vide. Extérieurement, j'avais tout pour être heureuse. Intérieurement, plus je m'efforçais d'être « parfaite », plus je me sentais à côté de mes pompes. J'avais l'impression d'être devenue une coquille vide et de mourir à petit feu avec une vie qui ne me ressemblait pas.

Pourtant, quelques années après, je suis coach certifiée en développement personnel et j'aide les femmes à oser la vraie vie sans être esclaves de la peur et de la culpabilité. Alors, que s'est-il passé ?

J'arrête d'être parfaite, mythe ou réalité ?

Un après-midi d'été, j'ai dit « adios, bye bye, hasta la vista, ciao » à l'image de la fille, la femme, l'épouse et la mère parfaite qu'on nous conte dans les histoires de fées.

« Un jour mon prince viendra, Un jour on s'aimera, Dans son château heureux s'en allant, Goûter le bonheur qui nous attend », dit la chanson. Et si l'on ne nous disait pas tout ? Nous avons oublié de raconter la « vraie vie » aux jeunes filles. La réalité, c'est que derrière les portes de leur château, elles vont passer plus de temps à récurer le sol qu'à danser au bal, plus de temps à déchanter qu'à chanter, et plus de temps en jogging qu'en nuisette. Le fameux « Et ils vécurent heureux jusqu'à la fin des temps » (et eurent beaucoup d'enfants) n'est pas le gage d'un bonheur parfait. D'ailleurs, entre nous, j'ai arrêté de dire cette phrase à mes filles. Je préfère qu'elles sachent qu'elles devront faire preuve de courage et que c'est tout à fait NOR-MAL !

La perfection existe-t-elle vraiment ?

Si « j'arrête d'être parfaite », cela signifie-t-il que je l'ai été au moins une fois ?

Bien sûr que non. Voilà pourquoi tellement de jeunes filles sont désorientées. Les femmes ne sont pas malheureuses de leurs imperfections, mais de vouloir être parfaites dans un monde qui ne l'est pas. Donc il est temps de revoir ses standards et de libérer, délivrer les princesses parfaites. Et si le froid de l'imperfection était le prix de la liberté ? Je te vois venir avec tes talons hauts en train de marmonner que renoncer au perfectionnisme est le meilleur moyen d'obtenir la médiocrité. Entendons-nous, cela ne signifie pas tomber dans le clair-obscur de la face cachée de la pâte à tartiner, en pyjama dépareillé toute la journée. Je te propose simplement de changer de stratégie pour atteindre la meilleure version de toi-même. Et plutôt que de rechercher la perfection, tu peux viser l'excellence et être heureuse malgré les ratés. Tu as envie d'essayer ? Ça fait un bien fou !

> *« Pour les humains, la perfection est inaccessible, l'excellence oui. Fais ton travail du mieux que tu peux, en acceptant les erreurs inévitables. »*
>
> **Alexandro Jodorowsky**

SEMAINE 1

Je choisis l'excellence

JOUR 1

Quel est mon niveau de perfectionnisme ?

À force de vivre dans l'idéal d'une perfection inatteignable, le risque est tout simplement de vivre une vie au ras des pâquerettes, en cessant de tenter de nouvelles choses à cause de la peur d'échouer et de la sensation d'être toujours à côté de la plaque. Dans ce livre, je ne vais pas te demander de dire stop au perfectionnisme pour toujours. Le perfectionnisme a aussi l'avantage de rendre les gens volontaires, minutieux, impliqués à 100 %, bref d'en faire des personnes responsables sur qui on peut compter. Mais il peut rendre insensible à la joie des petits commencements et imperméable à la gratitude de ce qui n'est certes pas parfait, mais tout simplement bien. Le problème, c'est quand le perfectionnisme nous empêche de voir la grandeur et la beauté dans notre quotidien.

La première chose à faire est donc de savoir quelle « perfect addict » tu es. Es-tu plutôt une intransigeante, une conformiste ou une dépendante anonyme ?

Test : Quelle « perfect addict » suis-je ?

Fais le test en entourant le symbole qui te correspond le mieux, pour découvrir ton taux de perfectionnisme dans le sang !

1. Tu pars en week-end en amoureux. Après une semaine hyperchargée, il te reste seulement une heure pour tout préparer avant le départ.

■ Tu te transformes en Supersonic et vire tout le monde sur ton passage. Tu fais la valise, la liste des numéros d'urgence, l'itinéraire, ton épilation complète, la vaisselle, le sol et même la saleté que tu vois sur la gazinière.

● Tu laisses ton homme se charger d'un maximum de tâches, en espérant que tu ne seras pas déçue. Tu te consoles en te disant qu'au pire vous achèterez des choses sur place.

▲ Tu te demandes si c'est partout pareil. Tu imagines que chez les autres il y a sans doute plus d'organisation et de bonne humeur.

2. Tu viens de passer le balai dans le salon. Tu vas à la cuisine chercher la balayette pour ramasser le tas de miettes. À ton retour tu comprends que ton ado a marché dedans. « J'ai pas fait exprès », dit-il.

■ Tu lui réponds : « Oui, mais t'as pas fait attention ! »

▲ Tu pars dans les extrêmes : « De toute façon, c'est toujours moi qui fais tout dans cette maison ! »

● Tu ne perds pas ton temps avec ça, et tu essaies d'être cool : « T'inquiète, ça arrive. »

3. Tu es en voiture côté passager et le conducteur se trompe de sortie d'autoroute.

● C'est la loose, mais il suffit de prendre la prochaine sortie. Par contre, si elle est à 50 km, ça va commencer à être difficile de garder ton calme…

▲ Purée la galère ! Tu aurais dû mieux lui expliquer ou arrêter de parler pour qu'elle reste concentrée sur la route.

■ Tu n'en crois pas tes yeux, tu le voyais venir de toute façon. Pourtant ce n'est pas faute de lui avoir répété dix fois le numéro de la sortie, tu aurais dû conduire, maintenant vous allez galérer et être en retard, voilà, bien joué !

4. Tu découvres le bulletin de notes de ta fille. Tu remarques qu'elle a eu 9/10 en mathématiques.

● Tu la félicites : « Je suis fière de toi. »

■ Tu lui dis : « Quand même pour un point de plus tu avais 10, c'est dommage. »

▲ Tu lui demandes : « Et elle a eu combien, Lisa ? »

5. Tes amies débarquent à l'improviste chez toi et te font une surprise : « On t'offre une journée au spa, prépare-toi on y va. »

■ Hors de question, tu avais prévu tout un tas d'autres choses, et puis tu n'as ni le bon maillot, ni le corps qu'il faut. Elles auraient pu te prévenir quand même !

▲ Ça ne t'emballe pas des masses, mais tu ne veux pas les vexer.

● Tu te dis qu'après tout, le ménage et les courses peuvent attendre et qu'heureusement tu es épilée...

6. Tu es sur le point d'emmener tes enfants à l'école. Sur le palier tu réalises que l'un d'eux a mis des chaussettes dépareillées.

▲ Non, mais t'as vu cette dégaine, c'est pas possible de le laisser partir à l'école comme ça, tout le monde va le voir, des enfants vont se moquer de lui, sans parler de ce que la maîtresse va penser !

■ Il se fiche de moi, je le lui dis tous les jours. Il doit le faire exprès pour m'énerver, c'est sûr. Allez, dépêche-toi, qu'est-ce que tu attends pour aller te changer, tu ne vois pas le problème vraiment !?

● C'est pas l'idéal, mais tu préfères encore ne pas être en retard, allez tant pis pour cette fois-ci !

7. Tu marches dans la rue et un groupe de touristes ralentit ton rythme.

■ Tu ne supportes pas de perdre ton temps. Tu es tout de suite agacée.

▲ Tu te dis qu'ils ont de la chance d'être en vacances, mais il y en a qui bossent !

● Tu respires, ils ont le droit de flâner, mais moi j'ai autre chose à faire.

8. Tu es dans une file d'attente au cinéma et tu vois quelqu'un doubler.

■ Tu en fais une affaire personnelle, c'est pas comme ça que cela doit se passer.

● Tu as décidé de passer une bonne soirée, tu te concentres sur le film que tu vas voir.

▲ Tu penses à tous ces gens qui attendent patiemment leur tour, franchement c'est superégoïste.

9. Tu accueilles chez toi une cinquantaine de personnes pour fêter Nouvel An. Tu as encore une semaine de congé devant toi, il est tard (ou tôt !), tout le monde est parti.

▲ Tu regardes l'état de ton salon, et tu te dis que c'est quand même abusé, ils auraient pu ranger un peu.

● Tu fais au moins tourner un programme du lave-vaisselle et vas te coucher. Tu sais déjà que tu n'es pas prête à recommencer l'année prochaine.

■ Tu n'iras pas te coucher tant qu'absolument tout n'est pas rangé, nettoyé, les poubelles vidées et le verre trié.

10. Tu aimerais faire une reconversion professionnelle dans un domaine complètement nouveau pour toi.

■ Si tu te lances dans cette démarche, c'est pour être la meilleure. Tu te donnes corps et âme dans ton projet. La seule option pour toi est de réussir.

▲ Tu te dis que c'est peut-être pas pour toi, qu'il y a tellement de monde plus doué que toi… Alors en quoi ferais-tu une différence ? Tu préfères être frustrée qu'échouer. Finalement, il vaut mieux ne pas tenter.

● Qui ne tente rien n'a rien, mais tu préfères ne pas trop espérer pour ne pas être déçue ensuite.

11. Tu fais le plein d'essence.

▲ Tu as un montant en tête et t'efforces de l'atteindre avec précision.

■ Tu te donnes pour mission d'atteindre un chiffre rond. Tu finis par donner des petits à-coups à la pompe en espérant y parvenir.

● Tu remarques que le chiffre n'est pas rond et te dis qu'on s'en fout.

12. Samedi matin 8 heures, un livreur sonne, tu es encore en pyjama.

● Tu te dis que t'es pas terrible, que t'as un peu une tête de muffin, mais tu ouvres la porte.

■ Hors de question d'ouvrir la porte et de te montrer dans cet état, tu iras récupérer ton colis à la poste.

▲ Tu te sens honteuse à l'idée qu'il croie que tu dors, tout comme à l'idée qu'il te voie tout juste sortie du lit. Tu espères qu'il ne pensera pas que tu es feignante.

Résultats du test :

- **Un maximum de ■**

  L'intransigeante : Toujours coupable, jamais irréprochable.

  Pour toi, on peut toujours faire mieux et « le roseau est toujours plus vert dans le marais d'à côté ». Tes yeux revolver voient tout de suite les défauts ou ce qui pourrait être amélioré. Tu es incapable de te reposer sans remords, tu as l'impression de devoir toujours être dans l'action et de cocher des cases dans ta tête. Tu as le sens du détail et ne laisses rien au hasard. Tu peux passer pour une femme forte alors qu'au fond tu es sensible.

  Souviens-toi que tu as le droit de te tromper et que tu as le droit d'être fatiguée.

- **Un maximum de ▲**

  La conformiste : Encore dans le moule.

  Tu ne résistes pas à la pression du groupe et du qu'en-dira-t-on. Tu te compares souvent aux autres, et forcément à ce jeu tu perds tout le temps. Tu as l'habitude de veiller à faire plaisir aux autres, mais, en oubliant de répondre à tes besoins, tu le fais payer à tes proches. Tu as peur des ratés et n'oses pas dire « non ». Tu peux passer pour une femme invisible, alors que tu as une personnalité riche à dévoiler. Souviens-toi que tu as le droit d'être toi-même, de penser à toi et de sortir du moule *(tu n'es pas une pâte à tarte !)*.

- **Un maximum de ●**

  La dépendante anonyme : En rémission.

  Tu as une volonté de lâcher prise, de choisir tes combats et tes priorités. Tu aimes te concentrer sur le présent et ne vas pas te rendre malade pour des détails. Ta devise est « qu'il en faut peu pour être heureux ». Néanmoins, tu peux faire des rechutes dans le perfectionnisme. Comme une droguée tu peux soudain péter les plombs à force d'une accumulation d'imprévus. Ta prise de conscience est ton avantage. Tu peux passer pour une femme détendue, alors qu'à l'intérieur ça bout ! Souviens-toi que tu as le droit de ressentir et d'exprimer toute la palette de tes émotions.

« La perfection, ce n'est pas de faire quelque chose de grand et de beau, mais de faire ce que l'on fait avec grandeur et beauté. »

Swami Prajñanpada

Mais comment faire la différence entre le bon perfectionnisme et le mauvais ?

Comme pour tout, c'est une question d'équilibre, les extrêmes sont souvent toxiques.

Sans idéal, sans but et sans l'envie d'aller plus haut, il n'y a aucun intérêt à vivre cette vie. C'est excellent d'avoir des rêves qui nous dépassent et de sortir de sa zone de confort, mais pour autant il faut garder des objectifs atteignables, planifiables et mesurables. Le bon perfectionnisme est celui qui n'empêche pas de savourer les petites victoires, de se récompenser et d'apprécier le chemin. Tandis que le mauvais perfectionnisme est celui qui embourbe dans la paralysie de faire des choix et la procrastination par peur d'échouer. Celui-ci fait souffrir, empêche de faire confiance aux autres, de déléguer, de se reposer ou tout simplement d'apprécier les choses et les personnes à leur juste valeur.

Bon, je ne parle pas du perfectionnisme maladif. Celui qui est toxique sans équivoque puisqu'il prive de toute satisfaction et qu'il est généralement associé à divers symptômes, comme l'anxiété, le stress chronique, la dépression, des troubles alimentaires, des difficultés sociales, un narcissisme démesuré ou des obsessions compulsives. Il est recommandé dans ce cas de faire une psychothérapie sur plus d'un an sans attendre d'avoir tous les symptômes en même temps (d'après la Société canadienne de psychologie : www.cpa.ca).

Autocoaching

- **Quelles sont toutes les choses que tu fais bien dans ta sphère personnelle, relationnelle, professionnelle, associative, que ce soit avec ta casquette de femme, mère, épouse, voisine, amie, etc. ?**

Je te propose de lister toutes tes réussites, tes bonheurs du quotidien sans rougir de ce qui n'est peut-être certes pas parfait, mais tout simplement bien. Écris dans un cahier de manière à pouvoir allonger la liste au fur et à mesure, en commençant tes phrases par « Je fais ça bien de... ».

Par exemple :

- **Je fais ça bien de penser à l'anniversaire des autres.**
- **Je fais ça bien d'entretenir les plantes de la maison.**
- **Je fais ça bien de dresser une belle table.**
- **Je fais ça bien d'être à l'heure au travail.**
- **Je fais ça bien de conduire longtemps sans me fatiguer.**
- **Etc.**

Comme l'explique le psychiatre Frédéric Fanget, auteur de *Toujours mieux ! : Psychologie du perfectionnisme*[1], il n'est pas question de laisser tomber plus de 20 % du perfectionnisme, car la plupart du temps les 80 % qui restent sont bons pour soi. Tu as raison d'être ambitieuse tant que

1. Odile Jacob, 2006.

cela te procure de la joie, tant que tu es capable de voir ce qui est bon sans nécessairement être parfait.

Pour se libérer du perfectionnisme qui gâche le quotidien, il va falloir apprendre à se focaliser sur ce qui est le plus important pour soi. Qu'est-ce que tu préfères entre peaufiner dix fois le même dossier ou t'arrêter à deux relectures pour avoir plus de temps à passer avec ta moitié ? Qu'est-ce que tu préfères entre faire le ménage tous les jours de la semaine et même le week-end, ou t'autoriser une grasse matinée ? Quand le perfectionniste en fait moins pour vivre mieux, en étant plus en accord avec ses priorités de vie, alors il retrouve de la joie. Je te propose de faire cette liste et d'écrire ce qui est le plus important pour toi, d'abord en vrac, ensuite en te demandant dans quel ordre tu souhaites t'en occuper. Il n'y a pas de bonne ou de mauvaise réponse, il y a seulement ce qui te correspond…

Passe à l'action !

Offre-toi de la joie : un cadeau, des fleurs, un massage, un bijou, peu importe, une chose qui te fait plaisir pour célébrer tout ce que tu ne fais certes pas parfaitement, mais tout simplement bien !

Enfin, avant de nous retrouver pour le jour 2, je te propose un rituel journalier et de répondre à la question suivante :

Sur une échelle de 0 à 10, à combien est-ce que tu situes aujourd'hui ton niveau de mauvais perfectionnisme, celui qui te plombe ? ……/10

J'ARRÊTE D'ÊTRE PARFAITE !

JOUR 2

Le secret du bonheur

> « Recherchez le succès, pas la perfection. »
>
> **Dr David D. Burns**

David D. Burns, psychiatre et auteur de l'ouvrage *Être bien dans sa peau*[2], parle de ce qui a tendance à tordre la réalité et de ce qu'il appelle le « phénomène de la lorgnette ». En effet, le perfectionnisme déconnecte de la réalité en dramatisant exagérément les bavures de sorte que l'on commence à tout voir petit, même ses propres qualités. Quant à l'échec, il est alors perçu démesurément grand ! C'est à ce moment-là que le perfectionniste fait de sa perception une généralité, qui devient à ses yeux une affaire d'État dont il est le seul responsable. Aveuglée par le filtre du perfectionnisme, la personne finit par confondre l'erreur avec elle-même et se retrouve avec une étiquette « perdante » sur le front. Quelle est l'étiquette posée sur toi ?

Je me délivre de la perfection

Y a-t-il une formation que tu n'oses pas tenter, un mail que tu n'as pas rédigé, une demande que tu préfères repousser, un voyage, un déménagement, un changement de vie, une reconversion professionnelle dont tu te prives, par peur d'échouer ?

En recherchant la perfection, il n'y a pas le droit à l'erreur, mais en changeant de stratégie et en recherchant le succès, on réalise que la vie est une batterie de tests et que peu importe la finalité, soit on apprend, soit on gagne.

2. Héritage, 1994.

Sais-tu comment les champions olympiques montent sur le podium ?

En ayant passé au préalable des heures et des heures à tenter ! C'est en te donnant le droit d'échouer et de recommencer que tu t'offriras la possibilité de réussir.

Les perfectionnistes portent fièrement l'étendard des 3P « Productivité, Performance, Perfection » ! Aucun droit à l'erreur. Pressées par le diktat du « bien faire », ces personnalités se réfugient dans le « tout » ou « rien ». Il n'y a pas de demi-mesure.

Le perfectionnisme est multidimensionnel. Non seulement les perfectionnistes exigent d'eux-mêmes d'être parfaits, mais ils attendent aussi des autres qu'ils soient irréprochables : le conjoint, les enfants, les ami(e)s, les collègues, les voisins, le patron, les autres en général, et même le chien ! Leur système de pensée est tel qu'ils peuvent même se persuader que le besoin de paraître parfait aux yeux du monde est une commande des autres, alors que le perfectionniste est son propre tyran. Si tu penses que le problème vient de l'extérieur, tu te comporteras comme une victime. Mais si tu reprends la responsabilité et que tu comprends que cela vient de l'intérieur, alors tu deviens capable de changer quelque chose en étant actrice de ta propre vie.

Pendant toutes les années où je voulais absolument être parfaite aux yeux du monde et ne jamais échouer, je me sentais sans cesse victime des autres. Pourtant, un dimanche après-midi, alors que je regardais une émission de télé retraçant la vie de Balavoine, tout est devenu clair dans mon esprit... Ce jour-là, j'ai compris ces trois lois universelles :

- il n'y a pas de succès sans échec ;
- l'échec précède le succès ;
- ceux qui réussissent sont ceux qui savent échouer.

Laisse-moi te présenter le parcours de douze personnalités qui en incarnent la preuve, en commençant par Balavoine, forcément.

- Balavoine

  Son premier 45 tours se vend à seulement 247 exemplaires. Son premier 33 tours ne se démarque pas plus, c'est un album dit « léger, gentil, mais sans plus ». Dix ans après ses débuts, il sortira son très célèbre titre *Le Chanteur* vendu à quelque 800 000 exemplaires !

  En à peine huit ans de succès (1978-1986), il laisse une vingtaine de tubes, avec près de 20 millions de disques vendus, et compte parmi ceux dont la carrière posthume est aussi prolifique sinon plus que celle menée de son vivant.

- Thomas Edison
  Déclaré par ses professeurs « hyperactif, trop bête pour apprendre quoi que ce soit », il fut licencié de ses deux premiers emplois, car « pas assez productif au titre d'inventeur ».
  Pionnier de l'électricité, il est aujourd'hui l'inventeur officiel de l'ampoule électrique et détenteur de plus de 1 000 brevets.
  Il dira : « Je n'ai pas échoué. J'ai simplement trouvé 10 000 moyens qui ne fonctionnent pas. »

- Albert Einstein
  Incapable de parler jusqu'à ses 4 ans, ses professeurs disaient qu'il n'irait jamais loin. Pourtant il reçoit un prix Nobel de physique à 42 ans. Il est aujourd'hui considéré comme l'un des plus grands scientifiques de l'histoire, et son nom personnifie l'intelligence et le savoir.

- Marilyn Monroe
  Loin d'Hollywood, elle provoquait les railleries des agents, qui lui conseillaient avec son physique et son style « un avenir de secrétaire ». Pourtant, elle accède au statut de star hollywoodienne et devient une icône culturelle.

- Les Beatles
  Rejetés par les studios Decca qui « n'aimaient pas leur son », jugeant qu'ils n'avaient « aucun avenir dans le show-business », ils demeurent aujourd'hui les artistes ayant vendu le plus grand nombre de disques au monde.

- Mikael Hed
  Après cinq ans d'existence, son entreprise se dirigeait vers la faillite sans avoir lancé un seul produit marquant. Pourtant, à force de persévérance, il est aujourd'hui le PDG de l'éditeur de jeux vidéo Rovio et cocréateur de l'appli iPhone Angry Birds téléchargée un milliard de fois en 2012.

- Steven Spielberg
  Refusé par trois fois à l'université de Californie de Théâtre, Cinéma et Télévision, il a persévéré dans une autre université. Il est aujourd'hui reconnu pour être l'un des plus grands réalisateurs. Il dira : « Toutes les bonnes idées commencent par de mauvaises idées. C'est pourquoi cela prend si longtemps. »

- Michael Jordan

  Viré de son équipe de basket au lycée, il va continuer ce sport et rater plus de 9 000 tirs dans sa carrière, perdre environ 300 matchs, et manquer près de 26 tirs en match de finale. Pourtant, il est aujourd'hui, d'après la NBA, « le plus grand joueur de basket-ball de tous les temps » ! Il dira : « J'ai échoué encore et encore, et encore dans ma vie. Et c'est pourquoi je réussis […] Je peux accepter un échec, tout le monde peut échouer. Mais je ne peux pas accepter de ne pas essayer. »

- Oprah Winfrey

  Rétrogradée de son poste de présentatrice vedette et qualifiée par le milieu comme « inapte et pas faite pour la télévision », elle est aujourd'hui une star de la télé américaine et l'une des femmes les plus riches des États-Unis.

  Elle dira : « Il nous arrive parfois d'être concentrés sur la difficulté de notre ascension au point de perdre de vue la nécessité de nous montrer reconnaissants pour le simple fait d'avoir une montagne à escalader. »

- Elvis Presley

  Congédié à la suite de sa première représentation, on lui fait comprendre qu'il n'a aucun avenir dans la musique. Pire, on lui dit « [qu'il ferait] mieux de conduire un camion ». Surnommé « The King », il est devenu le pionnier du rock'n'roll, et son influence est devenue mondiale, avec 700 millions de disques vendus de son vivant. Il obtiendra durant sa carrière 90 disques d'or, 52 de platine, 25 de multiplatine et un de diamant. Premier artiste à donner un concert retransmis à la télé en simultané dans 54 pays, son audience atteindra un milliard et demi de téléspectateurs, record à ce jour pour un spectacle musical !

- Steve Jobs

  À l'âge de 30 ans, il est un peu dépressif après avoir été licencié sans ménagement de sa propre société. Quelques années après, il réintègre l'entreprise pour créer les célèbres iPod et iPhone. Il dira : « Je ne l'ai pas compris alors, mais il s'est avéré que le fait d'avoir été viré d'Apple était la meilleure chose qui ne me soit jamais arrivée. Le poids de la réussite a été remplacé par la légèreté d'être à nouveau un débutant sans certitudes. Cela m'a libéré et permis d'entrer dans une des périodes les plus créatives de ma vie. »

- Walt Disney
  Renvoyé de son premier poste de rédacteur pour « panne d'imagination » et « absence d'idées originales », il dut par la suite liquider sa première société. Pour survivre, il mangeait alors de la nourriture pour chien. Quand il reprit la voie de la création, on lui indiqua que l'idée d'une souris ne marcherait jamais. Aujourd'hui, son nom est devenu une marque déposée et la Walt Disney Company possède, entre autres, 4 complexes de vacances, 11 parcs à thèmes, 2 parcs aquatiques, 32 hôtels, 8 studios de cinéma, 6 labels de disques, 11 réseaux de télévision par câble et un réseau de télévision terrestre.
  Il dira : « Tous nos rêves peuvent devenir réalité, encore faut-il avoir le courage de les poursuivre. »

Alors, convaincue que tu *dois* échouer pour réussir ?

Je combats la peur de l'échec

L'amalgame très dangereux des perfectionnistes est qu'elles confondent « faire une erreur » avec « être une erreur ». C'est comme dire à un SDF que puisqu'il n'a rien, alors il n'est rien. Tu vois la différence ? Le verbe change tout, et si tu me lis, c'est que très certainement tu aimes la précision.

Afin de ne plus avoir peur d'échouer pour s'autoriser à réussir, il est important de sortir de la peur infantile (et typiquement française) de lever le doigt en classe. Cela signifie prendre le risque d'échouer et même de s'entraîner à échouer. Parce que, rappelons-le quand même, nous sommes des êtres humains, pas des machines. C'est tout simplement normal de se tromper, c'est l'inverse qui est étrange…

Pour habituer son cerveau à tenter et à être confronté à des (potentiels) ratés, sans avoir l'impression que le risque est immense, on peut « muscler » son assurance petit à petit avec des actions qui sont à peine en dehors de notre zone de confort.

C'est pour cela que je t'ai préparé une liste de 5 défis à relever pour détendre ton envie de garder tout sous contrôle et laisser ta vulnérabilité, ton humanité s'exprimer :

1. Demander ton chemin à quelqu'un plutôt que de regarder ton GPS ;
2. Déléguer une tâche à un enfant en sachant que ce sera mal fait, mais sans repasser derrière ;
3. Laisser la boulangère te servir la pâtisserie de *son* choix ;
4. Dire « non » à quelqu'un qui te demande un service sans te justifier ;
5. Te rendre *seule* dans un café, un cinéma, voire une conférence.

En relevant de plus en plus de challenges et en sortant du sentier militaire tout tracé pour faire des choses qui, dans ton monde, ne se font pas, tu vas reconquérir tes rêves et passer de la peur d'échouer à la peur que ça marche ! Et si tu pouvais être inspirante et influente avec tes imperfections ? Et si chaque raté ajoutait à ton CV une expérience, un apprentissage ?

> *« L'échec est un diplôme. »*
>
> Idriss Aberkane

Autocoaching

- **Quelle sera ta prochaine action pour muscler ton assurance personnelle ?**
- **Qu'est-ce que tu considères avoir raté jusque-là ?**
- **Est-il possible que ce que tu juges comme un échec soit en réalité un apprentissage ?**
- **Forte de tes mauvaises expériences, qu'est-ce que tu as appris sur toi-même ?**
- **Quels sont les rêves que tu as abandonnés par peur de l'échec ?**

Je te propose de t'installer dans un endroit où tu ne seras pas dérangée, dans un bureau, dans ton bain, ou en pleine nature, tant que tu es bien. Ferme les yeux et imagine-toi à la fin de ta vie. Imagine qui tu es devenue, ce que tu fais, ce que tu ressens, comment tu vis, etc.

Ensuite, prends ton cahier et note ce que tu ne voudrais pas regretter à la fin de ta vie. Cela va t'indiquer ce qui est vraiment important pour toi et t'aider à savoir quoi faire pour avoir plus de joie au quotidien.

Le risque zéro n'existe pas !

J'ARRÊTE D'ÊTRE PARFAITE !

Comme le dit Wayne Gretzky : « 100 % des choses qu'on ne tente pas échouent. » Ne pas rechercher la perfection mais l'excellence, c'est faire de son mieux en acceptant les erreurs et les imprévus. Cela permet de regarder l'échec comme un trampoline sur lequel il est possible de rebondir à chaque fois que l'on tombe. Tous ceux qui ont tenté quelque chose de nouveau se sont retrouvés face à des murs.

De quelle manière peux-tu transformer tes ratés en expérience positive ?

En te posant ces trois questions :

- Qu'est-ce que je peux apprendre de cette situation désagréable ?
- En quoi cette situation est-elle une opportunité pour moi de grandir ?
- Comment est-ce que je peux me donner les moyens de réussir la prochaine fois ?

Pourquoi vouloir absolument que tout soit parfait ?

Parmi mes clientes, certaines sont paranos du kilo en trop et passent leur vie à se priver, d'autres se plient en quatre pour les autres, se torturent l'esprit pour un plat qu'elles ont à peine trop salé, ou font tout pour que leur maison ressemble à un tableau Pinterest… Sait-on jamais, si quelqu'un arrivait chez elles à l'improviste… Franchement, on peut dire qu'elles font tout pour que ce soit parfait. Mais le constat est toujours le même : elles ne se sentent malgré tout pas à la hauteur et se dévalorisent.

Étonnamment (et cela est douloureux à entendre pour une personne qui veut être parfaite aux yeux du monde), il y a un peu de narcissisme là-dedans. Dans son sens psychanalytique, il s'agit d'une « fixation affective à soi-même ». Se libérer du perfectionnisme, c'est quelque part se détacher de soi pour voir plus grand que sa personne. C'est comme mettre une nouvelle paire de lunettes qui élargit son champ de vision pour regarder au-delà de ce que les autres pourraient

> *« Pensez comme une reine. Une reine n'a pas peur d'échouer. L'échec est un tremplin à la grandeur. »*
>
> **Oprah Winfrey**

penser de soi. C'est accepter de ne pas être conforme aux attentes extérieures, et donc prendre le risque d'être moins aimée ou mal aimée. Mais la bonne nouvelle, c'est que cela est dix fois plus confortable d'être rejetée pour ce que tu es vraiment, plutôt que pour le personnage que tu as inventé et qui en réalité ne te ressemble pas du tout.

Vois grand, élève ton regard, pense comme une reine qui ne craint pas l'échec parce qu'elle connaît sa valeur !

Passe à l'action !

Je te propose d'ancrer ce nouveau regard dans ton corps en programmant dans ton agenda une séance de trampoline en salle ou dans ton jardin, si tu as la chance d'en avoir un. Allez, arrête les excuses ! J'ai vu sur Facebook une de mes tantes de plus de 50 ans en faire. Détends-toi. Ne te demande pas si tu vas être ridicule, prends un peu de recul, ose rire de toi-même...

Sur une échelle de 0 à 10, à combien est-ce que tu situes aujourd'hui ton niveau de mauvais perfectionnisme, celui qui te plombe ? ....../10

J'ARRÊTE D'ÊTRE PARFAITE !

JOUR 3

Je prends l'escalier de la réussite

Après le trampoline, je te propose les escaliers. As-tu déjà essayé de monter les vingt marches d'un escalier en une seule fois ? Avec tes jambes, sûrement pas... Tu sais très bien que tu finirais par terre. Pourtant je t'assure que tu l'as déjà fait... Tu ne te souviens pas ? Mais si, ce jour où tu as dit : « C'est décidé, dès lundi je bois 2 litres d'eau par jour, je mange que des légumes vapeur, je me prépare des jus centrifugés, j'arrête le sucre industriel, je dis stop au lait de vache, je me lève avant tout le monde pour courir une heure chaque matin, aucun grignotage en dehors des heures de repas, fini les apéros, je remplace mes fringales par de la méditation, de la lecture et des exercices de respiration, tout ça en continuant (bien évidemment) à préparer de bons petits plats pour le reste de la famille et en gardant ma bonne humeur. » Pfiou... Rien que de l'écrire, personnellement je suis déjà épuisée !

As-tu déjà pris tellement de résolutions d'un coup que c'était comme grimper les vingt marches d'un escalier en une fois ? Bien, sérieusement, je caricature un peu avec mon exemple, mais je suis convaincue que tu vois très bien de quoi je parle.

Il faut au moins ça quand on veut être parfaite, non ?

Les perfectionnistes veulent tout, d'un coup, et maintenant. Ces personnes voudraient fonctionner comme une machine, appuyer sur un bouton et gravir les étages comme on utilise un ascenseur pour arriver de 0 à 10 par exemple.

Le souci est que c'est la meilleure manière de se sentir en échec, puisque, humainement parlant, ça ne se passe tout simplement pas comme ça.

Le principe de l'escalier

> *« Un pas à la fois me suffit. »*
>
> **Gandhi**

Viser l'excellence, au contraire, permet de marcher sur l'escalier de la réussite un pas à la fois. C'est gravir les paliers un par un, et diviser son grand objectif en de tout petits objectifs atteignables et mesurables. Parce que la réussite ne prend jamais l'ascenseur, mais toujours les escaliers.

Voici comment fonctionne l'escalier de la réussite *(à lire de bas en haut)* :

Rechercher l'excellence et non la perfection

La femme qui recherche la perfection s'impose que tout soit fait en même temps et perd pied quand elle réalise combien sa vie est différente de ce qu'elle avait imaginé. Visant toutes les marches à la fois, elle finit en grand écart, condamnée à se gameller. Elle devient victime de ses propres exigences. Elle vit sous la loi et l'accusation. Son juge intérieur ne lui laisse aucune chance. Elle recherche un idéal sans tenir compte de ses besoins et détruit son estime personnelle. Elle vise le niveau où elle n'aura plus rien à apprendre et où plus rien ni personne ne pourra lui dire que ce n'est pas encore assez. Elle se nourrit du regard des autres et recherche constamment l'approbation et la confirmation de son identité. Elle agit pour mériter et (se) prouver qu'elle est une « bonne » personne, en vain. Elle ne souhaite pas faire mieux qu'elle-même, mais mieux que les autres.

À la différence, la femme qui recherche l'excellence avance un pas à la fois et fixe des priorités. Consciente qu'elle ne peut pas être au four et au moulin, elle lâche prise et savoure chaque avancée. Elle sait qu'à chaque jour suffit sa peine et s'offre une nouvelle chance de faire mieux chaque matin. Elle vit sous la grâce. Elle recherche la meilleure version d'elle-même en tenant compte de ses besoins et de sa valeur incomparable. Elle sait qu'elle aura toujours besoin d'apprendre. Elle marche sur l'escalier de la réussite en sachant que si elle se trouve en bas d'une marche, c'est qu'elle est aussi en haut de la précédente. Elle recherche ce qui lui est adapté et ne craint pas d'être rejetée pour ses actions. Elle s'alimente de sa propre énergie et ne se sent pas mise en danger par les autres femmes, car elle n'a rien à leur prouver. Elle sait ce qui la rend unique et la reconnaissance des autres n'est que la cerise sur le gâteau.

Alors, quelle femme voudrais-tu être ?

Un parcours bien balisé est un gage de réussite

Pour définir tes petits pas et planifier ton parcours, tu peux imaginer partir de zéro et te demander de quelle manière tu vas pouvoir monter les marches de ton escalier petit à petit, ou bien à l'inverse te représenter la finalité et partir à reculons en te demandant quel est le palier qui précède jusqu'à parvenir à la marche sur laquelle tu te trouves.

Imaginons que tu n'aies pas fait de sport depuis dix ans. Le premier pas est peut-être tout simplement d'aller chercher tes baskets au garage, de vérifier qu'elles te conviennent encore et de les poser devant l'entrée, ou à défaut d'aller t'acheter une autre paire. Le second pas sera d'aller marcher dix minutes. En fait, l'escalier de la réussite lutte contre le principe du « pas assez ». C'est toujours mieux d'aller marcher un peu que de rester dans son canapé, tu me suis ? Souviens-toi qu'un peu vaut mieux que rien. Dur à entendre pour une perfectionniste qui préfère *tout* ou rien. Pourtant la personne qui a déjà marché jusqu'au bout de sa rue est plus proche de son objectif de reprise du sport que celle qui est restée dans sa cuisine. Oserais-tu lui dire que pour si peu ça ne vaut vraiment pas la peine ? Cesse d'être si dure avec toi-même. Parfois tu as juste besoin d'encouragements et d'un peu plus de temps, sans ta petite voix rabat-joie pour marmonner que ce n'est vraiment pas assez.

Marcher sur l'escalier de la réussite suppose que tu vérifies que ton objectif est réaliste et mesurable. Parce que les perfectionnistes sont maîtres dans l'art de planifier des choses complètement irréalistes, mais elles y croient ! Aïe, ça va peut-être te faire mal, mais ça t'aiderait beaucoup de partager ton plan d'action avec quelqu'un qui pourra te faire un retour avec un regard plus objectif et peut-être plus réaliste…

Pour visualiser les marches de ton escalier, tu peux aussi utiliser l'outil du Mind Mapping, qui permet en quelque sorte de faire une « cartographie » de ton plan d'action. De manière artisanale, tu peux simplement écrire toutes tes idées de paliers de ton escalier sur des Post-it, et les disposer en vrac au sol devant toi. Ensuite, tu peux bouger tes petits papiers pour les positionner en trois colonnes, à savoir ce qui vient dans le court terme, ce qui correspond au moyen terme et ce qui est pour le long terme. À l'intérieur de tes colonnes, tu peux enfin repositionner les actions de manière hiérarchique. Reste à prendre une photo pour ne pas oublier cette « carte mentale » et planifier tes petits pas dans ton calendrier.

Si tu préfères la méthode numérique, ou tout simplement pour t'informer sur cette méthode, je te conseille ce site Internet : www.mindmapping.com/fr

Quand tu connais tes objectifs et que tu sais comment les atteindre un pas à la fois, tu fixes alors des priorités où tu dépends de tes propres standards. Ça te permet par exemple de décider que les trois prochains mois tu te concentreras sur ta carrière et que tu n'auras pas besoin de culpabiliser d'avoir mangé du chocolat, parce que la gestion de ton poids est sur le prochain palier dans ton programme personnel.

Autocoaching

- Qu'est-ce qui ne te convient pas aujourd'hui ?
- Quels sont les résultats que tu voudrais obtenir ?
- Forte de tes objectifs, lequel te semble prioritaire ?
- Quels sont les tout petits pas que tu pourrais mettre en place pour diviser ton objectif prioritaire en paliers et marcher sur l'escalier de la réussite ?

Forte de tes réponses aux questions d'autocoaching ci-dessus, note dans ton cahier ce que tu décides de faire comme prochaine action. Engage-toi envers toi-même à te donner le temps nécessaire et le droit de te tromper sur ce chemin qui te mène vers la nouvelle version de ta vie. Autorise-toi les petits pas d'un escalier.

Quelles sont les causes de cette quête de la perfection ?

Je sais, rares sont les personnes qui préfèrent les escaliers à l'ascenseur, surtout quand il y a énormément d'étages. Peut-être que c'est une attitude héritée de ton éducation. Avais-tu le droit à l'erreur à la maison ? Qu'est-ce que tu entendais quand tu présentais tes résultats scolaires à tes parents ?

Le top 12 des remarques qui font croire aux enfants qu'ils doivent être parfaits quand leurs parents découvrent leur bulletin de notes

1. « C'est quoi la meilleure note de la classe ? »
2. « Elle a eu combien, Fanny ? »
3. « Tu as eu la meilleure note, rassure-moi ? »
4. « C'est tout !? J'attendais mieux de toi. »
5. « Tu te fiches de moi, je rêve ! »
6. « Tu es bête ou tu le fais exprès !? »
7. « Ta sœur/ton frère avait bien plus dans cette matière à ton âge. »
8. « L'important, c'est de participer. Voilà une phrase inventée pour les faibles ! »
9. « Mais qu'est-ce qu'on va faire de toi… »
10. « Non, mais t'as vu ton bulletin ? Tu crois que tu iras loin ? Moi, je m'en fiche, c'est pour toi que je dis ça ! »
11. « Et c'est tout ce dont tu es capable !? »
12. « Tu as eu 9/10, tu aurais pu faire un sans-faute quand même. »

Toutes ces expressions comparent sournoisement les enfants entre eux, de sorte qu'ils grandissent en pensant que leurs résultats ne sont jamais satisfaisants.

Ils oublient que chaque pas est une victoire, se focalisent sur le but et jamais sur le chemin. Ils sont aveugles quant à leurs progrès et se sentent ainsi toujours en situation d'échec. Te sens-tu constamment coupable du « peut mieux faire » ?

As-tu besoin de constamment plaire aux autres ?

La plupart du temps, le perfectionnisme débute dans l'enfance, quand très tôt nous sommes encouragés à être soit récompensés soit punis. Ces enfants-là ne ressentent de la satisfaction que lorsqu'ils impressionnent leurs parents ou leurs professeurs. Malheureusement, vivre en courant toujours après la meilleure note (et plus tard, le meilleur job, la meilleure paie, le meilleur conjoint, etc.) mène à une constante frustration et à la remise en question de tout. Ainsi, la recherche de la perfection est douloureuse, puisqu'elle est « motivée tant par le désir d'avoir un bon rendement que par la peur des conséquences d'avoir un rendement insatisfaisant », comme le souligne la psychologue Monica Ramirez Basco.

La bonne nouvelle quand on décide de prendre l'escalier, c'est qu'on comprend qu'il y a des paliers. Cela permet de se comparer à soi-même. Inévitablement, en regardant quelqu'un d'autre, on compare ses propres débuts avec le milieu ou la fin de parcours d'un autre. Je pense qu'il n'y a pas de bonnes ou de mauvaises progressions. Il y a des progressions, point. Réussir à sa mesure et célébrer ses petits pas, récompenser ses victoires pendant qu'on est en chemin, c'est ça le bonheur. C'est goûter au plaisir de chaque marche de l'escalier de la réussite, tout en sachant que « la vie, c'est le train, ce n'est pas la gare » (Paulo Coelho).

« La perfection est l'ennemie de l'homme. »

Jean-Charles Harvey

J'ARRÊTE D'ÊTRE PARFAITE !

Passe à l'action !

Je te propose d'ancrer cette nouvelle mentalité dans ton corps en prenant au maximum les escaliers dans ton quotidien. La prochaine fois que tu seras devant un ascenseur, tu penseras à moi et tu te souviendras que pour atteindre tes objectifs, tu as le droit de prendre ton temps et d'avancer un pas à la fois, comme dans un escalier. C'est ça viser l'excellence et non la perfection !

Sur une échelle de 0 à 10, à combien est-ce que tu situes aujourd'hui ton niveau de mauvais perfectionnisme, celui qui te plombe ? ....../10

JOUR 4
Le code couleur du cœur

Je veux deveniiiiir toute rouge !!! À force de vouloir que tout soit parfait, d'être une femme, une épouse, une amie, une mère parfaite, le danger est que tu atteignes tes limites, bref la zone « urgence » de ton cœur. L'épuisement professionnel ou parental, aussi nommé burn-out, est la conséquence d'un stress chronique et d'exigences démesurées.

Être dans le rouge, ça veut dire quoi ?

Quand tu es dans le rouge *(et je ne parle pas de ton compte en banque, mais bien de l'état de ton cœur)*, ton énergie, ta motivation, ton optimisme et surtout ton estime personnelle sont en chute libre. Tu peux alors avoir l'impression de n'avoir plus aucune ressource naturelle en toi pour faire face à la situation. Court-circuitée, comme si un fusible avait sauté à l'intérieur. Ça sent le roussi, et le souvenir du fameux « Quand on veut, on peut » te rappelle encore plus ton incompétence. Parce que non, quand on veut être parfaite ici-bas, même en étant très spirituelle, on ne peut pas.

Ce syndrome psychologique d'avoir l'impression d'être consumée de l'intérieur est un cri d'alarme qui ne doit pas être négligé. Ressentir une douleur récurrente, qu'elle soit sensorielle ou affective, est un avertissement. La souffrance a toujours un sens et délivre son message jusqu'à ce qu'il soit entendu. Malheureusement, il faut parfois des années pour l'entendre…

Herbert J. Freudenberger le dit : « En tant que psychanalyste et praticien, je me suis rendu compte que les gens sont parfois victimes d'incendie, tout comme les immeubles. Sous la tension produite par la vie dans notre monde complexe leurs ressources internes en viennent à se consumer comme sous l'action des flammes, ne laissant qu'un vide immense à l'intérieur, même si l'enveloppe externe semble plus ou moins intacte. »

Le problème avec le désir de perfection, c'est qu'à un moment donné on croit que la souffrance est normale. Toute notre société est basée sur des slogans de force, où la peur et la faiblesse font passer pour des mauviettes. Le stress de la performance est le levier de réussite principal des entreprises, et les salles de sport sont pleines à craquer d'hommes et de femmes qui sculptent leur corps pour atteindre un idéal. Les phrases chocs qui font fureur sur les réseaux sociaux ressemblent à :

- « Les gagnants ne renoncent jamais » ;
- « No pain, no gain » ;
- « La différence entre le succès et l'échec, c'est la persévérance ».

C'est le genre de maxime que certaines perfectionnistes ont pu écrire sur des Post-it, collés sur leur placard à biscuits ou sur le miroir de leur salle de bains... Avec ce fonctionnement, la pression maintient le cœur en zone d'alerte. C'est l'idéal pour les perfectionnistes, qui en général aiment se battre pour atteindre un résultat, ils ont besoin que ce soit très difficile pour oser se récompenser (et encore...). Résultat ? Des gens qui tombent « en panne » ou foncent sur un « iceberg droit devant » !

Quand on prend conscience que la zone d'urgence de son cœur est bien entamée, on se décide *(enfin !)* à demander de l'aide et à s'arrêter. Le cœur fonctionne avec trois couleurs, comme les feux tricolores du code de la route. Vert, ça passe. Orange, c'est limite. Rouge, c'est trop tard ! Malheureusement, les perfectionnistes ont la fâcheuse tendance à oublier que, dans leur cœur, l'orange n'est pas fait pour être dépassé. L'orange correspond au niveau de la zone d'alerte du cœur, ce qui est déjà un signal fort. Éventuellement, comme dans son auto, on peut ignorer l'alerte, passer à l'orange, et accélérer en se disant « ça passe ». L'ennui, c'est que dans la perception du perfectionniste, il imagine rendre service à tout le monde. Pourtant, comme à la croisée des chemins routiers, le risque est tout simplement de se foutre en l'air avec quelques innocents au passage.

Zone d'échange — Zone d'alerte — Zone d'urgence

À force de repousser les limites, on finit par se dire que ce n'est pas si grave de passer au rouge une fois de temps en temps. Après tout, d'autres le font. Jusqu'au jour où c'est l'accident. La vérité, c'est qu'en prenant soin de rester dans la zone d'échange de son cœur, on a le feu vert pour donner et recevoir de l'amour avec équilibre.

Comment sait-on que l'on a atteint la zone « danger » ?

> « Garde ton cœur plus que toute autre chose, car de lui viennent les sources de la vie. »
>
> **La Bible (Proverbes 4.23)**

Quels sont les signes d'un cœur en zone d'urgence rouge ? Fatigue, tension, frustration, isolement, procrastination, pensées obsessionnelles autour du travail et perte d'intérêt pour les autres domaines de sa vie sont autant de signaux indiquant que le perfectionnisme devient toxique. Spécialiste du bien-être au travail, Magali Combal recommande aussi d'observer les signaux tels que les difficultés à respecter les délais, des relations dégradées avec les collègues, le sentiment d'être insuffisamment reconnue, l'insatisfaction, la critique et le jugement à propos du travail des autres. Le signal fort est bien évidemment lorsque l'anxiété remplace la motivation.

À force de vouloir être cette femme parfaite, tu as peut-être préféré t'en sortir seule. Tu as pensé que tu n'avais pas besoin de demander de l'aide et que les choses changeraient avec le temps.

C'est là tout le paradoxe du perfectionniste, qui refuse l'aide des autres dont il a pourtant besoin pour démontrer sa perfection, de ces gens dont il craint le jugement, sauf si c'est pour l'acclamer. Psychanalyste et psychosociologue, Franck Trommenschlager explique que le perfectionniste se construit une armure qui le sépare de l'autre mais aussi de lui-même. Inaccessible, c'est la peur de sa vulnérabilité qui le fait résister à toute intervention extérieure. Sur son visage, le masque social devient comme une seconde nature. À un stade psychotique, on parle de véritable manipulateur.

Quelquefois, tu t'es risquée à quelques râleries, et la seule chose que tu as obtenu ressemble à « Ça va aller », « Ça fait plaisir de voir que tu galères autant que moi », « mais secoue-toi, bon sang », « Y'a pire, t'es pas à plaindre non plus », ou encore « Ah si Dieu le veut ». Mouais, il y a mieux pour aller bien.

C'est décidé, cette fois je vais m'en sortir !

J'ARRÊTE D'ÊTRE PARFAITE !

J'ai un scoop : si ton cœur est en zone d'urgence depuis plus d'un an et que rien n'a bougé, c'est que tu dois changer de stratégie. Il est temps d'arrêter de vouloir être cette femme forte qui affronte ses problématiques seule et qui surtout ne dérange pas.

« La folie, c'est de faire toujours la même chose et de s'attendre à un résultat différent. »

Albert Einstein

La vérité, c'est qu'en acceptant de se payer un professionnel du bien-être, on commence à s'accorder de la valeur. Consulter, c'est comprendre que l'on mérite plus que les conseils gratuits (et souvent inefficaces) des gens qui n'ont pas le recul nécessaire sur notre situation. Quand on est « dans le rouge », prendre soin de soi n'est plus une option. Gros challenge pour les perfectionnistes que d'accepter d'avoir une faille à l'idée même de prendre un rendez-vous. Pourtant, même les biceps ont besoin de repos pour se développer et se muscler. Pourquoi pas toi ?

Souvent, nous sommes gênées de nous occuper de nous-mêmes. Nous avons peur d'être ces femmes égoïstes qui abandonnent leur liste de tâches. Nous pensons que si l'amour ne se sacrifie pas, il ne compte pas. Alors nous voyons sur notre tableau de bord une jauge clignoter, mais nous ne nous arrêtons pas pour faire le plein. La réalité est que n'importe quelle personne normalement constituée qui ne fait pas le plein « tombe en rade ». Finalement, pour être cette « bonne personne » qui ne fait pas preuve d'égoïsme, ne sommes-nous pas devenues orgueilleuses ? L'orgueil de se croire indispensables et sans limites…

Dans l'héritage judéo-chrétien, il y a l'idée qu'être une « bonne personne », c'est aimer son prochain comme soi-même. Malheureusement, la plupart font de cette bonne idée une loi pour être focalisés sur les autres, sans jamais s'arrêter sur eux-mêmes. Qui est « le prochain » ?

Le prochain est le suivant ! Celui ou celle qui vient après. Comment aimer les autres quand on ne s'accorde pas d'abord cet amour ? Comment faire à manger à quelqu'un avec ses placards vides ?

Pour donner le meilleur à sa famille et à son entreprise, il est vital de prendre soin de ne pas dépasser ses limites et de garder son cœur.

Autocoaching

- **Dans quelle zone se trouve ton cœur ?**
- **Y a-t-il dans ton quotidien un signal d'alarme ou un voyant allumé que tu as préféré ignorer ?**

Depuis quand n'es-tu pas sortie de chez toi seule pour te ressourcer ? *(Bien entendu, je ne parle pas du « bonheur » de faire les courses sans enfants !)*

- **Qu'est-ce qui remplit ton réservoir affectif (balade, lecture, bain, méditation, musique, danse, voyage, peinture, écriture, prière, sport, cuisine, nature, baignade, coloriage, etc.) ?**
- **À quoi ressemble ta journée idéale ?**

Pour t'aider à répondre à ces questions d'autocoaching, je te suggère de noter de 1 à 5 ton niveau de satisfaction dans les différents aspects de ta vie :

- **finances ;**
- **relations ;**
- **état d'esprit ;**
- **travail ;**
- **santé ;**
- **fun ;**
- **etc.**

Enfin, demande-toi quels sont les besoins non comblés dans les sphères où tu voudrais plus de satisfaction, et de quelle manière tu peux augmenter ton épanouissement avec un tout petit pas.

Quand on comprend le principe du réservoir affectif et du code couleur du cœur, on peut simplement lâcher prise sans culpabiliser par de simples actions :

- faire garder ses enfants quelques heures alors qu'on est en congé parental ;
- se rendre service en disant « non » ou « je te dis ça plus tard » à des personnes qui sollicitent des ressources qu'on n'a pas ;
- éviter les personnes qui tirent vers le bas ;

- faire la sieste ;
- espacer les séances de ménage, voire arrêter certaines tâches ;
- prendre dix minutes par jour juste pour soi (si tu ne les *prends* pas, tu ne les auras jamais !) ;
- planifier un week-end par trimestre de ressourcement dans la nature (pour toi toute seule) ;
- se fixer un seul objectif par jour ;
- boire la pression (avec modération bien entendu) plutôt que la subir ;
- prendre des rendez-vous avec soi-même ;
- déléguer ;
- se simplifier la vie : courses au drive, plier le linge sans tenir compte de l'endroit et de l'envers, dupliquer des menus dans la semaine, espacer les jours de ménage, arrêter de repasser, inviter des gens pour des soirées « faciles » à mettre en place (pizza, pop-corn, crêpes, pierrade, fondue de fromage, wraps, etc.) ;
- fixer une soirée couple par semaine sans écrans ;
- tenir un journal intime ;
- contacter des professionnels du bien-être ;
- etc.

> *« Ce qui constitue l'essence d'être un être humain, c'est de ne pas rechercher la perfection. »*
>
> **George Orwell**

Encore envie de sauver les apparences ?

Rester un semblant parfaite est un dur labeur de chaque jour : s'inquiéter de l'opinion d'autrui, être à l'affût des mauvais regards, dire « oui » quand on pense « non », paraître cette femme amicale, bonne, douce, gentille, généreuse, juste, loyale, intègre, honnête et j'en passe, tandis que l'angoisse, la fatigue, la colère et la culpabilité mijotent à l'intérieur. Bree Van de Kamp, sors de ce corps ! Tu connais ce personnage de la série télévisée *Desperate Housewives* ? Chez cette femme bon chic bon genre, jamais une mèche de cheveux de travers, le caractère obsessionnel de la perfectionniste saute aux yeux. Elle incarne très bien comment le masque calme et souriant du perfectionnisme cache une grande agressivité et une détresse intérieure. Pourquoi ? Simplement parce que c'est encore plus douloureux d'être rejetée pour la personne que l'on n'est pas, que pour la personne que l'on est vraiment. On ne peut pas éviter le rejet. Cependant, être rejetée pour ce qu'on est vraiment, c'est aussi être aimée pour ce qu'on est réellement, et ça change tout. Choisir l'authenticité est le meilleur remède au perfectionnisme et la plus belle manière de prendre soin de son cœur.

Passe à l'action !

Je te propose d'apprendre à discerner dans ton quotidien le code couleur de ton cœur, et à l'exprimer autour de toi. Pour faire un raccourci, tu peux dire : « Je suis orange là, j'ai besoin de prendre l'air. » Si tu as des enfants, tu peux aussi les aider à comprendre leurs émotions en leur proposant de faire de même. D'ailleurs, tu ressens quoi là tout de suite ? Tu dirais que ton cœur est de quelle couleur ?

Sur une échelle de 0 à 10, à combien est-ce que tu situes aujourd'hui ton niveau de mauvais perfectionnisme, celui qui te plombe ? ....../10

J'ARRÊTE D'ÊTRE PARFAITE !

JOUR 5

J'évite le piège de la comparaison

L'un des pièges du perfectionnisme est de comparer sans cesse sa propre progression et ses résultats à ceux des autres. Que ce soit sur un plan de carrière, une situation amoureuse, une position sociale, une morphologie, des valeurs éducatives, peu importe le domaine, tout passe au scan de la comparaison. Le problème est qu'à ce jeu les perfectionnistes perdent tout le temps. Et toi, te sens-tu comme une extraterrestre quand tu te compares à d'autres femmes, d'autres épouses, d'autres mères ? Célibataire, tu pensais peut-être que personne ne voudrait jamais de toi. Enfin en couple, tu t'es peut-être surprise à penser que tu avais été choisie par défaut. Bref, jamais à la hauteur…

La comparaison, pas toujours judicieuse… et même parfois nocive

C'est important de comprendre qu'il n'y a pas de bonne ou de mauvaise comparaison. C'est pas comme si on pouvait faire son marché et comparer deux êtres humains comme on compare deux fruits. D'ailleurs, cela ne nous viendrait même pas à l'esprit de comparer un kiwi et une fraise. Soit on aime l'un, soit on aime l'autre, soit on aime les deux. Et c'est pas seulement pour son calibre que notre préférence va à l'un ou à l'autre fruit, mais aussi pour sa saveur, son parfum, autrement dit ce qui se dégage de l'intérieur. La comparaison entre deux femmes est dangereuse pour l'estime de soi, parce qu'elle ne considère que l'apparence. C'est quand on compare les gens qu'on finit par faire l'amalgame entre réussir sa vie et réussir dans la vie, ou encore qu'on confond les gens qui n'ont rien avec les gens qui ne sont rien. En matière de comparaison, il s'agit toujours de ne pas se tromper entre « avoir » et « être », entre « extérieur » et « intérieur », entre « mythe » et « réalité ».

Par contre, remplacer la comparaison par l'inspiration, ça change tout. Des personnes peuvent t'inspirer à devenir une meilleure version de toi-même, à te dépasser dans un domaine, à rêver, à être courageuse, à oser entreprendre, sans pour autant te faire sentir inférieure, mais en créant un « C'est possible ! ». À chaque fois qu'une personne t'inspire, cela signifie que cela fait écho et vient faire vibrer tout le potentiel et toutes les capacités qui sont déjà en toi, pour ressembler à cette source d'inspiration. Dans ce cas-là, on ne se sous-estime pas, mais on se dit plutôt « Moi aussi, je peux ». L'inspiration montre une voie à suivre avec un champ des possibles, tandis que la comparaison annihile toute motivation, de sorte que la conclusion semble être « Je n'y arriverai jamais ».

Dans le jeu de la comparaison, il y a forcément l'idée d'un « plus » et d'un « moins ». Et voilà comment on a l'impression de se retrouver avec une étiquette « grosse nulle » sur le front. C'est typique des perfectionnistes, qui se focalisent sur un but, un résultat, un objectif et oublient qu'il y a un chemin pour tous, avec diverses progressions. Il n'y a pas de bonne ou de mauvaise progression, il y a simplement des progressions. Mais le perfectionniste veut tout, maintenant. Dans son monde irréel, cela devrait être possible, sinon c'est qu'il a un sérieux problème. Le piège de la comparaison est que l'on compare en général ses débuts (sur le palier 3 de l'escalier de la réussite par exemple) avec l'aboutissement du parcours d'une autre personne (sur le palier 10 de l'escalier de la réussite par exemple). Cela reviendrait à comparer un nouveau-né à un adulte en disant : « Qu'est-ce qu'il parle mal, en plus il n'est même pas capable de marcher. » Ce jeu ignore les circonstances et oublie de prendre en considération l'histoire, le temps, les sacrifices, les investissements, l'énergie, les échecs et la persévérance pour en arriver à ces résultats particuliers. Les perfectionnistes comparent des résultats sans considérer le chemin parcouru. Or c'est justement dans le chemin, un pas à la fois, que se trouve le succès, comme on l'a vu jusque-là.

La preuve que la comparaison est mauvaise pour la santé, c'est qu'elle est un véritable voleur de joie, qui s'entretient par un langage intérieur. « Miroir, ô mon beau miroir, dis-moi que je suis à la hauteur, steuplé ! », disent secrètement les perfectionnistes. L'épreuve du miroir en devient même insupportable parfois. Yvonne Poncet-Bonissol, psychoclinicienne souvent consultée par la presse féminine, entre autres, la radio, la télévision, et auteur de l'ouvrage *Se réconcilier avec son corps*[3], explique qu'un perfectionnisme extraordinaire associé à une grande souffrance peut donner naissance à une préoccupation constante et imaginaire de son apparence physique. De telle sorte que la personne se voit exagérément grosse ou difforme. Ce trouble de l'image de soi s'appelle la « dysmorphophobie » ou « laideur imaginaire ».

Par parenthèse, j'ai lu à ce sujet un article très intéressant sur le *Huffington Post* (daté du 7 juillet 2009) à l'occasion du décès du Roi de la pop. D'après Chantal Beaupré, maître-praticienne en psychothérapie émotivo-rationnelle, Michael Jackson souffrait probablement de cette laideur imaginaire. La chronologie de ses différents visages étant effectivement spectaculaire et assez troublante…

Comment tombe-t-on dans le piège de la comparaison jusqu'à s'en rendre malade ?

Es-tu en recherche permanente d'une brèche vers la perfection ? À cela peut s'ajouter des complexes, des tocs, la folie du ménage, l'insatisfaction au niveau des vêtements, l'obsession du scalpel et de la chirurgie plastique ou esthétique, le contrôle permanent des assiettes ou à l'inverse le refuge dans une nourriture qui semble la seule à ne pas porter de regard sur soi.

D'après Yvonne Poncet-Bonissol, cela tourne généralement autour d'une ou plusieurs des raisons suivantes :

- du mal à quitter l'enfance ;
- un rapport très fusionnel à la mère ;
- le manque du regard d'un homme posé sur soi dans l'enfance, pas forcément celui du père, mais celui d'un tiers masculin pour transmettre un amour inconditionnel, donner le goût à l'enfant de s'accepter tel qu'il est.

La quête de perfection d'une femme lorsqu'elle recèle l'envie et le besoin de plaire à un père imaginaire peut être apaisée par le regard de son conjoint, sauf quand le manque d'estime de soi est si grand qu'elle est incapable d'entendre et de recevoir, ou de croire, à un compliment. Dans ce cas-là, à chaque fois qu'un homme lui dit qu'elle est belle, elle pense

3. Dangles, 2011.

forcément « Parle toujours, je sais bien que c'est faux, tu dis ça pour me faire plaisir ou peut-être même par pitié ».

Du coup, comment on s'en sort ?

L'entourage peut utiliser le renforcement du symptôme. Effectivement, si une personne est imperméable au compliment, elle peut à l'inverse réagir et changer son regard quand une personne exagère ses défauts.

Mais il est évident que c'est à la personne elle-même de faire le plus gros travail. D'abord en utilisant son énergie pour être bienveillante plutôt que d'être son propre bourreau, ensuite en faisant baisser son niveau d'exigences, enfin en travaillant sur l'humilité pour être moins centrée sur soi et en considérant qu'après tout cela n'est pas si grave de ne pas être parfait…

J'ai l'habitude de proposer un exercice dans mes ateliers, dans lequel je demande aux femmes de me dire qui elles sont en me répondant par un adjectif. D'abord, on réalise qu'on manque souvent de mots et que la panoplie de ce qui nous caractérise dépasse largement « grosse, mince, belle, moche, intelligente, incompétente ». Dans cet exercice mes clientes ont de la difficulté à sélectionner des adjectifs tels que « remarquable, rayonnante, époustouflante, inspirante ». En prenant du temps, elles osent finalement se décrire comme « courageuse, audacieuse, entreprenante ». Et parfois, elles ont la lucidité et l'honnêteté de dire devant le groupe des mots tels que « menteuse, capricieuse, manipulatrice », et c'est à ce moment-là, quand elles acceptent de faire tomber le masque et de révéler leur part d'ombre au grand jour sans honte (dans un cadre bienveillant et sécurisant), qu'il se produit étrangement une lumière dans leur cœur, qui commence à chasser l'angoisse d'être absolument parfaite : c'est la magie de l'authenticité qui opère.

Et toi, quels sont les adjectifs qui te décrivent ?

Concernant leur beauté, sais-tu que lorsque l'on interroge 100 femmes, seules deux sont prêtes à dire qu'elles sont « splendides » ? Les 98 autres ont-elles peur de passer pour des orgueilleuses ou pensent-elles vraiment ne pas être à la hauteur ? Hypnotisées par le miroir social et culturel dans lequel aucune femme ne semble à la hauteur, les princesses qui devaient être parfaites se transforment bien trop souvent en mégères envieuses, frustrées, dépendantes de la comparaison et de la compétition. Je plaide coupable, je me suis déjà réjoui de la grossesse d'une amie, pas seulement par sympathie, mais parce que, pour une fois, elle allait être plus grosse que moi ! *(Ne sois pas choquée, toi-même ça t'est sans doute déjà arrivé.)* Comment avoir plus d'estime de soi et arrêter de se comparer dans ces conditions ?

« L'imperfection est beauté, la folie est génie, et il vaut mieux être totalement ridicule que totalement ennuyeux. »

Marilyn Monroe

La partie débute et se joue majoritairement dans les pensées. Plus on se dévalorise, et plus on devient laide *(disons-le franchement)*. À l'inverse, plus on s'autorise à être soi-même et se valorise, plus on... s'épanouit. Donc si tu veux sortir de la comparaison, commence par tes pensées ! Pourquoi ? Parce que l'on crée notre réalité par nos pensées, qui deviennent des paroles, qui produisent des choix, puis des habitudes (alimentaires, vestimentaires, relationnelles, etc.). Chaque femme est responsable des pensées qu'elle entretient. Comme un pou qui débarque sur une tête *(ne te gratte pas, c'est psychologique !)*, on ne peut pas empêcher une pensée dévalorisante d'entrer dans notre esprit sans y être invitée. Mais on peut choisir ce qu'on en fait : la laisser prendre un verre, une douche et faire un somme, ou la *flanquer* dehors à coup de « Que j'te revois plus traîner par ici, sale parasite ! ».

Il y a une réalité incontournable, c'est qu'à l'image d'un pou... nos pensées ne peuvent pas vivre sans nous ! Depuis combien de temps héberges-tu des pensées qui au départ ne devaient rester qu'une nuit sur le canap' et qui à présent squattent ton lit ? Combien de temps encore pourras-tu supporter la cohabitation ? Ne nourris plus la comparaison, et elle ne te suivra plus dans tes dîners d'affaires et d'amour. Détecte-la, regarde-la droit dans les yeux et dis-lui : « Stop ! Tu n'as aucun droit de passage dans ma vie, je suis parfaite avec mes imperfections, je ne te laisserai pas plus longtemps me pomper le sang ! » On peut dire stop à la comparaison et se (re)programmer. On peut devenir intentionnelle dans nos pensées et inviter chaque matin celle qui fera contrepoids dans la balance.

Cela commence par un choix, un engagement envers soi à la bienveillance.

La racine de la comparaison se nourrit aussi de son entourage. Qu'est-ce que tu vois dans le miroir de ton entourage ? Es-tu entourée de personnes bienveillantes ou de personnes toxiques prêtes à te rabaisser pour élever leur pauvre ego blessé, peut-être même par perfectionnisme ? Des tas de personnes sont prêtes à t'aimer *imparfaite*, sans conditions de perfection. Tu n'es pas obligée de subir les sarcasmes d'un pseudo-ami ou de tonton Georges, qui te rabaissent l'air de rien à chaque fois au moment de l'apéro *(tu penses certainement à quelqu'un à présent)*. Tu peux choisir avec qui tu partageras la bûche de Noël cette année. Tu es responsable de t'entourer de personnes bienveillantes, qui ne cachent pas leurs jugements derrière un soi-disant « Ah mais c'est pour ton bien que je dis ça », ou encore en t'accusant : « T'as vraiment pas d'humour. » Parfois, certaines personnes n'ont même pas besoin d'ouvrir la bouche, leur regard suffit à nous paralyser. Elles n'ont trouvé que cette stratégie pour se sentir bien… Et faire remonter leur propre estime si faible. Oser la vulnérabilité et l'imperfection heureuse n'est pas se laisser rabaisser. Tu mérites la protection et le respect. Et si c'est de ton conjoint dont on est en train de parler, il est peut-être temps d'avoir une discussion.

> *« La beauté est dans les yeux de celui qui regarde. »*
>
> **Oscar Wilde**

Le top 10 des indices pour détecter une personne au comportement toxique

1. **Elle retourne la situation de façon à être toujours la victime.**
2. **Elle pratique le chantage affectif.**
3. **Elle justifie tout ce qu'elle dit et fait au nom de l'amour.**
4. **Elle exerce un contrôle, voire une souveraineté dans ta vie.**
5. **Elle ne prend jamais ses responsabilités, mais te demande toujours de prendre les tiennes.**
6. **Elle a des exigences très élevées pour toi, mais ne se remet pas en question.**
7. **Elle t'inspire la peur et la culpabilité.**
8. **Elle te fait sentir inférieure.**
9. **Elle se met en avant et agit toujours dans son intérêt (en faisant croire que non, bien sûr !).**
10. **Elle t'offre des cadeaux pour équilibrer avec ses vacheries.**

Comment parler sérieusement à une personne qui nous rabaisse sans cesse ?

D'abord, en racontant des faits : tel jour, telle action. Ensuite, en expliquant son ressenti avec des « je » : « Voilà ce que cela a produit en moi », « Je me suis sentie ainsi », « J'ai eu l'impression d'être cela ». Enfin, en étant claire sur les conséquences : « À présent je préfère que », « J'ai l'intention de ».

Tu ne pourras pas vivre l'imperfection heureuse sans te délester du poids des personnes qui te rappellent sans cesse combien tu n'es pas à la hauteur, pas assez mince, performante, fertile, disponible, spirituelle ou que sais-je… Cela peut être un moment douloureux, mais ô combien salutaire…

Autocoaching

- **Quel est le langage intérieur que tu as l'habitude d'entretenir ?**
- **Qu'est-ce que tu t'es dit ce matin, en passant devant le miroir ou en te regardant dans le rétroviseur de la voiture ?**
- **À quoi tu penses en regardant les autres mères au supermarché, les collègues à la pause déjeuner, et les femmes en général sur les réseaux sociaux ?**
- **Est-il possible que tu aies besoin d'augmenter ton estime personnelle en arrêtant le jeu de la comparaison ?**
- **Y a-t-il des personnes au comportement toxique dans ton entourage qui te montrent sans cesse combien tu n'es pas à la hauteur ?**

À ce stade, je te propose d'écrire une lettre à l'« ancienne toi », celle qui n'avait pas le droit à l'erreur, perdait toujours au jeu de la comparaison, et que tu traitais peut-être de tous les noms d'oiseaux. Engage-toi auprès d'elle à devenir sa meilleure amie, à lui vouloir du bien, à croire en elle, à l'accepter et à l'aimer avec ses imperfections, à lui parler avec gentillesse et bienveillance.

Quand on vise l'excellence plutôt que la perfection, on ne se compare plus aux autres, mais à soi-même. On regarde ses propres standards, son chemin, ses objectifs réalisables un pas à la fois et ses priorités. Alors on peut tout à fait choisir qu'actuellement la priorité n'est pas d'avoir une carrière, mais de s'épanouir au sein du foyer par exemple, ou bien de faire l'inverse ! Cela permet de sortir de la pression sociale en réalisant qu'on se doit des comptes à soi-même.

Passe à l'action !

À force de vouloir être parfaite, de te comparer et d'être au contact de personnes au comportement toxique, tu as certainement fini par croire des mensonges à ton sujet. Peut-être que tu n'as pas ta place dans ce monde, que tu es une ratée, que tu es impardonnable, lamentable, que ton conjoint finira forcément par te tromper et qu'il aura raison, que tes enfants seraient mieux avec une autre mère, que tu es une incapable, etc. Je te propose de te regarder chaque matin dans le miroir, avec un sourire et de te dire « Je m'aime un peu plus chaque jour ». Fais-le jusqu'à ce que cela devienne une vérité dans ton cœur, qui produira des choix et de nouvelles habitudes. Souviens-toi qu'il n'y a jamais eu personne comme toi avant toi, et qu'il n'y aura jamais plus quelqu'un comme toi après toi. Tu es *incomparable*.

Sur une échelle de 0 à 10, à combien est-ce que tu situes aujourd'hui ton niveau de mauvais perfectionnisme, celui qui te plombe ? ....../10

C'est le week-end !

J'ARRÊTE D'ÊTRE PARFAITE !

JOUR 6

Playlist pour enclencher le mode « excellence »

La musique a le fabuleux pouvoir créateur d'accompagner nos émotions : peur, joie, tristesse, colère, dégoût... Rends-toi sur mon blog pour écouter la playlist qui te donne la patate pour entreprendre tes projets en visant l'excellence au lieu de la perfection !

https://jarretedetreparfaite.com/playlist-excellence/

JOUR 7

Diplôme de « Recherche de l'excellence »

(Je te laisse remplir ton diplôme et prendre conscience de l'engagement que tu prends envers toi-même en le recevant.)

Attribué à ....

Pour avoir suivi la totalité de la semaine

« Je choisis l'excellence »

Sur la période du.................... au...................

Avec les félicitations du jury de « J'arrête d'être parfaite ».

Pour rappel, ce diplôme engage son titulaire à :

- viser l'excellence et non la perfection ;
- échouer beaucoup et souvent ;
- rebondir pour transformer ses ratés en expériences ;
- accepter les imperfections et les imprévus ;
- se donner du temps ;
- prendre les escaliers et se fixer des objectifs réalisables ;
- se comparer à soi-même ;
- être à l'écoute de son cœur ;
- remplir son réservoir affectif ;
- faire des siestes.

SEMAINE 2

Je choisis la joie

JOUR 8

Quelle « serial perfectionniste » suis-je ?

Le perfectionnisme est une prison dorée. Certes, viser la perfection peut sembler un but noble, pourtant c'est en réalité l'objectif le plus bas de gamme. Au mieux, tu deviens une poupée plastique moulée dans un sourire figé. Vive les Barbies ! Au pire, tu te retrouves aux prises avec les bourreaux de ton cœur, qui ne te laissent aucun répit pour tes crimes organisés de « serial perfectionniste ». Pourquoi est-ce si difficile pour toi de tolérer l'imperfection ?

Pourquoi, malgré tes efforts, tu es souvent en situation de frustration, d'incompréhension, d'insatisfaction, d'intransigeance, de dégoût, de jugement, de dévalorisation et de pression ?

Le psychologue américain Taibi Kahler a mis en évidence ce qui conditionne nos comportements et limite nos croyances. Il parle de messages répétitifs hérités de l'enfance, de l'éducation, des expériences et de la culture. Il a mis en évidence les cinq impératifs (« drivers ») qui nous donnaient accès à la reconnaissance et à l'approbation de nos parents, de nos professeurs ou des personnes qui avaient une autorité sur nous. Et je te le donne en mille, l'un d'eux est « Sois parfaite »...

Pour creuser le sujet et découvrir les travaux de ce psychologue, je t'invite à aller sur le site www.processcommunication.fr

Quel est le degré d'importance de la perfection dans ta vie, qui détermine tes attentes vis-à-vis de toi-même et des autres ?

Pour le savoir, je te propose de faire le test suivant en répondant aux questions de manière spontanée et rapide.

Test : Quelle « serial perfectionniste » suis-je ?

Dans la colonne « C'est moi », note la lettre qui correspond à ton ressenti :

- Non = N ;
- Parfois = P ;
- Oui = O.

N°	Question	C'est moi
1	Je préfère faire moi-même que déléguer.	
2	Je ne me sens jamais assez…	
3	Je m'irrite quand les choses traînent.	
4	J'ai du mal à tenter la nouveauté.	
5	J'aime prendre des décisions.	
6	Je ne suis jamais vraiment satisfaite.	
7	Je suis rarement malade.	
8	Je déteste perdre mon temps.	
9	J'ai tendance à me compliquer la vie.	
10	Je suis souvent au-delà de mes limites.	
11	J'aime que chaque chose soit à sa place.	
12	Je n'aime pas me sentir ou me montrer vulnérable.	
13	Je fais les choses aussi vite que possible.	
14	Je ne sais pas me reposer.	
15	Je me préoccupe d'être appréciée.	
16	Je perds mon temps sur des détails.	
17	J'aime la diff culté.	
18	Je déteste qu'on me double.	
19	Je me juge beaucoup.	
20	Je me sens souvent illégitime.	
21	Je m'arrange pour que tout soit impeccable.	

Nº	Question	C'est moi
22	Je n'aime pas demander de l'aide.	
23	J'agis avec un maximum d'efficacité.	
24	Je travaille mieux dans l'urgence.	
25	J'ai de la difficulté avec les gens mous.	
26	J'identifie facilement les failles.	
27	J'aime que les choses soient bien faites.	
28	Je n'aime pas être en retard.	
29	Je suis souvent débordée.	
30	Je suis « tout » ou « rien ».	
31	J'ai besoin de détails pour pouvoir décider.	
32	Je suis souvent stressée.	
33	Je suis agacée par les gens lents.	
34	Je préfère ne pas tenter que prendre des risques.	
35	Je suis sensible à l'injustice.	
36	J'aime aller au bout des choses.	
37	Je ne supporte pas les imprévus.	
38	J'aime que les autres aillent droit au but.	
39	Je pense souvent que c'est ma faute.	
40	Je vois les besoins et j'anticipe.	
41	Je fais souvent des choses à la place des autres.	
42	Je propose facilement mon aide.	
43	Je marche vite, mange vite, parle vite, décide vite.	
44	Je souffre de mes imperfections.	
45	Je n'aime pas la saleté.	

Résultats du test :

- **Un maximum de N (Non)**
  La contraventionnelle : quelques amendes par-ci par-là.
  Tu es capable de rester libre et de laisser les autres libres, avec toutefois quelques points en moins sur ton permis, mais ton casier judiciaire de « serial perfectionniste » reste vierge. Continue, on dirait que tes efforts pour lâcher prise paient !
- **Un maximum de P (Parfois)**
  La délictuelle : des dommages collatéraux.
  Tu luttes pour rester libre et peux faire payer tes exigences à tes proches. Tu as une responsabilité envers les autres, qui subissent des préjudices quand ton côté « serial perfectionniste » passe à l'action. Répare tes erreurs quand c'est possible plutôt que de les payer, et laisse tomber le reste !
- **Un maximum de O (Oui)**
  La criminelle : en infraction grave.
  Tu es une pro de la gâchette. Constamment traînée en justice devant les tribunaux de ton cœur, tu (te) juges sans cesse et as besoin d'un avocat. Ton penchant « serial perfectionniste » dégomme tout le monde sur son passage. Accorde-toi une faveur, ralentis pour kiffer la vie et fais des siestes !

Et maintenant que le test est terminé, on fait quoi ? Veux-tu continuer à (faire) souffrir ou désires-tu être libre ?

Je comprends que tu veuilles plaire à tout le monde et éviter une nouvelle blessure émotionnelle. Pourtant le résultat sera toujours le même : « trop grosse, trop en retard, pas assez performante, pas assez souriante... », bref trop ou pas assez.

« C'est la plus grande de toutes les faiblesses que de craindre trop de paraître faible. »

Jacques-Bénigne Bossuet

J'ai voulu être cette femme parfaite qui n'existe pas, mais j'ai découvert que dans la vraie vie, il n'y a qu'à mes funérailles que je serai enfin cette personne dont tout le monde vante les mérites et dit du bien. Cette personne fabuleuse, irremplaçable et incomparable. Tout à coup face à la mort, on revient à l'essentiel. Les kilos, les accros, ça ne compte plus.

Alors, sors de ton enfermement et ose vivre ! Ose déplaire pour être qui tu es vraiment, et tu verras que tu seras aussi aimée pour la personne que tu es vraiment. C'est ça la liberté, et ça commence par un choix : la vie heureuse avec ses imperfections ou la vie morbide avec son perfectionnisme. Tu préfères quoi ?

Autocoaching

- **En quoi le perfectionnisme est-il un frein dans tes relations et ton quotidien ?**
- **En quoi la pression que tu t'imposes est-elle un moteur positif ?**
- **Quel nouvel équilibre te serait plus bénéfique. Quelles actions vas-tu mettre en place pour y parvenir ?**

Un même comportement peut être bénéfique ou néfaste

Nous avons toujours les qualités de nos défauts. Un bon moyen pour sortir du « mode zombie » est d'être conscient de ce qui nous convient et ne nous convient pas. Tu ne dois pas jeter le perfectionnisme à la poubelle une bonne fois pour toutes, parce que c'est aussi ce qui fait de toi un excellent élément. C'est simplement que tu peux remettre de la joie dans ton quotidien en acceptant que tout ne soit pas toujours parfait. Si tu souhaites relâcher le perfectionnisme, autorise-toi des erreurs et des tentatives ratées. Lâche prise sur les couverts mal rangés, le calcaire sur l'évier, les poils dans le lavabo. Récompense tes efforts, regarde tes réussites et trouve de la joie dans chacune de tes journées. Il y a toujours une raison d'être heureux, même quand la machine à laver inonde la cuisine, que la voiture tombe en panne sur l'autoroute, et que, pour couronner le tout, il y a une coupure de chauffage en plein hiver. Ose dire « non » à la souffrance. La vie est un cadeau, pas un fardeau. Souvent nous souhaitons le plus fort du monde relever des défis, vivre des choses extraordinaires et grimper des montagnes, symboliquement parlant. Et après nous râlons et oublions de nous réjouir d'avoir une montagne à gravir. Mais c'est ça la vraie vie !

Passe à l'action !

Sors de ta prison en faisant trois listes :

- sur la première, écris tout ce qui te convient et te procure de la joie. Fais en sorte de pouvoir retrouver cette liste facilement pour les jours où tu n'auras pas le moral ;
- sur la seconde, écris tout ce qui ne te convient pas et sur lequel tu peux faire quelque chose pour que ça change. Décide de faire de ton mieux, un pas à la fois, sans te rendre malade pour ces choses ;
- sur la troisième, écris tout ce qui ne te convient pas et sur lequel tu ne peux absolument rien faire. Déchire cette liste avec l'intention de ne plus être victime de tes circonstances. Laisse tomber ces choses sur lesquelles tu n'as aucun contrôle. Reprends ton cœur pour choisir la vie.

Sur une échelle de 0 à 10, à combien est-ce que tu situes aujourd'hui ton niveau de mauvais perfectionnisme, celui qui te plombe ? ....../10

JOUR 9

Dans la vraie vie…

La vraie vie n'est pas d'être une mère parfaite, dans une maison parfaite, autour d'un repas parfait avec des enfants parfaits et un mari parfait. Tiens, j'ai oublié de parler du chien qui parfaitement dressé ne s'échappe jamais du parfait jardin et n'aboie que pour de bonnes raisons. Dois-je rappeler que la femme parfaite n'existe que sur papier ou écran ? Tu n'es pas une machine, tu es un être humain. Alors te sentir dépassée, épuisée ou te planter n'est pas la preuve que tu es bonne pour la déchetterie, mais bien que tu es tout à fait nor-ma-le ! C'est vrai que c'est la base, mais on oublie parfois qu'on est simplement humains.

« Il est dommage que le public attende de moi, toujours, la perfection qu'il est impossible pour moi d'atteindre toujours. Je ne suis pas une machine. Je suis un être humain. »

Enrico Caruso

Je comprends que je suis conditionnée depuis l'enfance

Avant que tu arrives à ressentir que tu es extraordinaire *(parce que c'est le but, même avec tes imperfections)*, commence déjà par retrouver un équilibre dans ton estime personnelle en ne te plaçant ni en dessous, ni au-dessus des autres.

Étais-tu cette petite fille à qui l'on a demandé de se tenir à carreau, d'être la première de la classe, la plus belle, la plus remarquable, la plus forte, la plus soignée, la plus serviable, la plus gentille, la plus sociable, la plus rapide, la plus sage, disons-le… la plus parfaite ?

D'une façon ou d'une autre, cette pression d'être toujours à la hauteur prive les enfants de légèreté, d'insouciance et d'amour inconditionnel. Ces enfants sont coupés de leurs véritables besoins, de leurs envies et de leurs émotions. Ils grandissent en pliant leur volonté aux exigences des autres. Ils sont programmés pour être déconnectés d'eux-mêmes, afin de correspondre aux attentes du monde. Vivre devient pour eux la chose la plus rare, ils ne font qu'exister, ils survivent, ils placent dès leur jeune âge la barre au-dessus de la vraie vie.

« Vivre est la chose la plus rare du monde, la plupart des gens se contentent d'exister, sans plus. »

Oscar Wilde

Toute notre société est tournée vers le trop ou le pas assez. Je suis certaine que tu as déjà pensé une fois dans ta vie que tu n'étais pas assez mince, pas assez sportive, pas assez écolo, pas assez productive, ou bien trop occupée, trop timide, trop casanière et même trop célibataire ! Bien qu'adultes, les femmes se comportent parfois comme des petites filles qui tirent encore sur le jeans de leur père pour confirmer leur identité et vérifier si elles sont acceptables et aimables. Leur attitude dit : « Regarde-moi. Oh, t'as vu ? T'es content ? J'ai tout bien fait comme tu voulais, je peux être fière de moi à présent ? »

Alors, parlons-en de cette petite fille. Parce que même si tu ne la vois plus dans le miroir, elle est là, à l'intérieur de toi. Pendant longtemps, j'ai pensé que j'étais une petite fille sage. Jusqu'au jour où j'ai compris que j'avais peur. Peur du regard des autres, d'être rejetée, de croire en moi, de rêver, de tenter, d'échouer, bref, peur de vivre !

Si je la rencontrais aujourd'hui, je dirais à la petite fille que j'étais :

- « Tu as le droit de te tromper » ;
- « Tu as le droit d'être fatiguée » ;
- « Tu as le droit de te salir » ;
- « Tu as le droit de dire non » ;
- « Tu as le droit de ressentir » ;
- « Tu as le droit d'être toi-même ».

Finalement, ce sont ces mêmes phrases qui m'ont fait du bien à l'âge adulte.

Et toi, qu'est-ce que la femme que tu es devenue dirait à la petite fille que tu étais si tu la rencontrais ?

J'ai interviewé de nombreuses femmes dont tu peux lire le portrait sur jarretedetreparfaite.com

La plupart confient que si elles pouvaient s'adresser à la petite fille qu'elles étaient, elles diraient :

- « N'essaie pas d'être parfaite » ;
- « Ta valeur ne dépend pas de tes actions » ;
- « N'essaie pas de ressembler aux autres » ;
- « N'aie pas peur d'être toi-même » ;
- « Ton physique ne t'empêchera pas d'être aimée et de réussir » ;
- « Cherche qui tu veux être vraiment pour toi ».

Le temps du « Sois belle et tais-toi » est révolu. Étonnamment, il y a toujours quelque chose à redire sur les femmes. Fine : elle est anorexique, grosse : elle est boulimique, démaquillée : elle est moche, poilue : elle manque sacrément de féminité... En vérité, tu n'as pas besoin d'être parfaite, seulement vivante ! Tu n'es pas une poupée en porcelaine, faite pour prendre la poussière sur une étagère. Tu es faite pour la vraie vie avec ses imperfections et ses imprévus. Tu es faite pour une vie abondante et débordante !

« Qui vit sans folie n'est pas si sage qu'il croit. »

François de La Rochefoucauld

Autocoaching

- **Ferme les yeux : de quoi avais-tu peur petite ?**
- **Quel genre de petite fille étais-tu ? Penses-tu que tu étais une petite fille sage, ou une petite fille qui avait peur de décevoir et d'être elle-même ?**
- **Si la femme que tu es à présent pouvait s'adresser à la petite fille que tu étais, toi qui connais la suite de l'histoire, qu'est-ce que tu lui dirais ?**

.../...

- **Quelles sont les folies ou les envies que tu ne t'autorises pas, pour correspondre à l'idéal d'une femme, d'une mère parfaite ?**
- **Qu'est-ce que tu peux mettre en place ou tenter pour rajouter de la vie à ton quotidien ?**

J'apprends à m'écouter et à me faire plaisir

La vraie vie bouscule les habitudes et le prévisible. La vraie vie est faite de plaisirs au milieu de l'imperfection et des tempêtes. Finalement, c'est aussi simple qu'un bain chaud quand on a mal au dos, la joie de faire du vélo quand la voiture est hors service, la reconnaissance d'avoir une voisine sympathique quand la chaudière rend l'âme, le plaisir de trinquer même si le dessert est brûlé. Pour éduquer ton regard, je te conseille la lecture de *3 kifs par jour*[1] de Florence Servan-Schreiber qui donne des idées de rituels pour cultiver le bonheur. À commencer par l'exercice central et puissant de la gratitude.

Depuis quand n'as-tu pas manifesté ta reconnaissance pour des choses simples, comme le fait de ressentir le soleil sur ton visage, de respirer, de rencontrer une personne serviable, etc. Quand on est déconnectée de la gratitude, c'est que l'on a besoin de retrouver de la joie dans son quotidien. Pour cela, rien de mieux que de s'autoriser la vraie vie en faisant au moins une chose par jour pour soi qui procure de la joie.

Peu importe le chaos de la journée, ton enfant intérieur aussi a besoin d'entendre des paroles positives. Choisis trois affirmations que tu pourras te dire au saut du lit et à chaque fois que cela sera nécessaire. Par exemple : « Tu es belle, tu es intelligente, tu es importante » (affirmations inspirées du film *La Couleur des sentiments* que je te conseille de (re)voir). Tu peux même écrire ça au rouge à lèvres sur ton miroir, sur un Post-it dans ta voiture et prévoir des alarmes sur ton téléphone pour te le rappeler.

1. Marabout, 2014.

Des femmes témoignent...

Dans le cadre de mes coachings, des ateliers ou des conférences que je donne, j'ai croisé de nombreuses femmes qui se privaient tout simplement de vivre. Heureusement, elles ont trouvé des solutions et j'ai envie de te faire partager quelques-uns de leurs témoignages afin que tu te demandes si tu pourrais t'identifier à l'une de ces femmes...

Sarah, 32 ans

« Mon éducation m'a beaucoup marquée et m'a poussée à être très tôt exigeante envers moi-même. J'ai souvent eu le sentiment de ne pas être à la hauteur, de devoir constamment prouver ma valeur, et finalement, quelle valeur ? Valais-je réellement quelque chose ? À ne pas s'écouter, ni savoir honorer sa personne, on tombe dans des schémas relationnels désavantageux. Au fil des années et à force d'un travail conscient sur moi-même, j'ai pu apprendre à arrêter de vouloir être parfaite à tout prix. J'ai appris à relâcher la pression, à m'aimer davantage et à m'accepter pour celle que je suis et non plus pour celle que j'essaie d'être pour les autres, et ce, quitte à me sentir rejetée. »

Charlotte, 30 ans

« J'ai mis des années à faire le deuil du schéma familial parfait, car mes parents ont divorcé alors que j'avais 19 ans... ».

Hafida, 35 ans

« Pendant assez longtemps, j'ai eu du mal à m'accorder des temps de pause. Résultat ? J'oubliais de manger ! J'ai donc fait des efforts pour organiser mon agenda de façon à être plus à l'écoute de mes besoins. Aujourd'hui je suis une perfectionniste qui aime les imperfections. »

Pamela, 37 ans

« J'avoue être psychorigide. Quand je conçois un plan dans ma tête et que les imprévus viennent tout bousculer, je suis très frustrée. Mais bon, en tant que mère je suis à la meilleure école ! J'apprends à me dire que si je n'ai pas pu me laver les cheveux le soir, je peux le faire le lendemain. »

Solange, 55 ans

« J'ai toujours eu tendance à vouloir contrôler les choses (mon planning, mes projets, etc.). Finalement, c'est la vie elle-même qui s'est chargée de bouleverser mes plans. Donc j'ai décidé d'arrêter de lutter. »

Aurélie, 30 ans

« Dans ma vie de couple et de maman, je voulais tellement bien faire que je me mettais une pression de dingue pour être parfaite. Même en amitié je voulais toujours satisfaire tout le monde, et ça m'impactait énormément. Aujourd'hui j'ai compris que « fait vaut mieux que parfait » et que les relations sont plus saines comme ça. »

Lisa, 33 ans

« Pendant longtemps, je me suis privée de mettre des shorts et d'aller à la piscine, mais en apprenant à connaître mon corps, j'ai réalisé qu'il n'était plus un obstacle. »

Et toi dans tout ça ? Es-tu cette femme qui oublie de manger, porte un masque pour plaire aux autres, ne connaît pas sa valeur, ne supporte pas l'imprévu, veut absolument tout contrôler et se rejette elle-même, pour être absolument parfaite ?

Franchement, est-ce que ça vaut le coup ?

« C'est une perfection de n'aspirer point à être parfait. »

Fénelon

Le cas particulier des surdoués

Dans l'enfance ou à l'adolescence, on s'en prend facilement aux gens sans comprendre ce qui nous dérange vraiment au fond. Dans ce cas, le problème n'est pas l'élève irréprochable, qui s'autorise très peu à faire des erreurs, ne supporte pas de rater un examen, est dans le stress insupportable d'être toujours à la hauteur, premier de la classe, mais son côté perfectionniste, que l'on admire et que l'on déteste en même temps.

D'après Raymonde Hazan, psychanalyste, écrivain et conférencière spécialiste des difficultés des surdoués, le perfectionnisme est très présent chez les HPE (haut potentiel émotionnel) et les HPI (haut potentiel intellectuel). Elle rappelle que le surdoué peut vraiment avoir de la difficulté à trouver sa place dans la « vraie vie », qui peut lui paraître fade et sans intérêt. Elle a donc pour objectif de permettre aux surdoués de s'identifier et de prendre conscience de leurs ressources afin de s'épanouir dans leur vie.

En effet, elle parle de la dépression du surdoué, qui excelle dans ce qui le passionne, mais peut rester bloqué sur des choses simples qui ne le stimulent tout simplement pas. Incapable de se concentrer sur ce qu'il ne considère pas utile, le HPE/HPI peut vivre une perte de plaisir et de goût à la vie. Ainsi, on voit parfois des enfants « parfaits », à la scolarité « parfaite », se saboter tout à coup en séchant les cours et en passant tout leur temps sur une chose qui les passionne (mais qui aux yeux du monde, de la société ou de leurs parents n'est pas utile).

Être surdoué, c'est être sensible, avoir besoin de trouver le moyen d'être utile, ce n'est pas être parfait.

Quand un HPE/HPI cherche à être parfait, il va à l'encontre de sa nature profonde indomptable (à l'image du zèbre, terme de substitution pour désigner les surdoués), en recherche d'authenticité, de vérité et de sens.

Peu importe que l'on soit surdoué ou pas, face au perfectionnisme, l'antidote le plus puissant est l'authenticité. Cela implique de revenir à des choses plus instinctives, naturelles. C'est sortir du bon chic bon genre, ne pas se poser la question des convenances, faire les choses à sa manière et accepter d'être différent de la masse. En y réfléchissant, c'est revenir à son âme d'enfant !

Passe à l'action !

Retrouve ton âme d'enfant en osant une folie : quelque chose qui dans ta réalité ne se fait pas, parce que tu te juges « trop » ou « pas assez ». Par exemple : te balader nue quand tu es seule chez toi, manger avec les doigts, sauter sur le canapé, planter une tente dans le salon pour le week-end, mettre une couleur de vernis différente sur chaque ongle, faire du coloriage, partager un repas les yeux bandés, faire des roulades, s'inviter à manger chez des amis, passer Noël dans une cabane de berger loin du repas traditionnel barbant, etc. Vas-y, ne cherche pas à être parfaite, mais à être vivante. Offre-toi des expériences plus authentiques et plus porteuses de sens pour toi.

Sur une échelle de 0 à 10, à combien est-ce que tu situes aujourd'hui ton niveau de mauvais perfectionnisme, celui qui te plombe ? ....../10

JOUR 10
Je décrypte la spirale du drame

Le plus grand problème des perfectionnistes est qu'ils ne veulent pas de problèmes. Ces personnes veulent une vie bien rangée, ordonnée et… parfaite ! Elles ne savent pas vivre dans les nuances de gris, parce que, d'après elles, tout est noir ou blanc. Leurs émotions sont souvent très intenses, passant d'un extrême à l'autre. Elles peuvent exercer une grande pression pour se couper la faim ou, au contraire, se jeter sur le garde-manger.

La spirale du drame, c'est quoi ?

Le perfectionnisme emmène les gens au-delà de leurs limites, de sorte qu'ils sont souvent au bord de la crise de nerfs, au pied du burn-out, et parfois même jusqu'à la dépression, ce qui en fait des victimes privilégiées pour les pervers manipulateurs narcissiques.

Le perfectionnisme fait tomber dans la spirale du drame, et donc, quoi qu'il arrive, ce n'est jamais assez, jamais bon, jamais bien. Les perfectionnistes sont des personnes pantins, qui, ne supportant pas de perdre le contrôle, sont paradoxalement les plus à même d'être sous le contrôle de personnes dont elles voudront absolument mériter l'amour. Voilà ce qui pousse mes clientes à m'envoyer ce genre de mail :

J'ARRÊTE D'ÊTRE PARFAITE !

BLA BLA

Marianne, 28 ans

« J'en suis à ma seconde dépression depuis que j'ai échoué en médecine. J'ai perdu mon emploi et j'ai mis du temps avant d'essayer d'en trouver un autre. Ma vie est pleine de culpabilité, et mes parents ne font que l'accentuer. Aujourd'hui j'ai déménagé, l'éloignement m'a fait beaucoup de bien. Ma mère me montrait toujours combien je n'étais pas à la hauteur. Devant les gens elle montrait qu'elle était fière de moi, mais en privé j'étais sa chose. J'avais eu envie, besoin de changer mon quotidien, ma façon de voir le monde qui m'entoure. J'en suis arrivée au stade de me dénigrer, de penser que je ne méritais pas mon compagnon et que d'ailleurs je ne méritais rien de bon.

Je n'arrive pas à apprécier les moments simples de la vie, j'ai toujours l'esprit encombré. Et je dois dire que ça me ronge, moi, mon couple, mais aussi mon entourage. Je n'ai plus aucune joie de vivre. Parfois, j'essaie de faire semblant, mais ce n'est qu'une façade.

Je n'ai aucune confiance en moi, et donc je ne laisse pas de répit à mon compagnon. Je suis sans arrêt sur son dos, je l'empêche de faire des choses pour lui, d'avoir une passion et d'aller voir ses copains. Je veux garder le contrôle sur absolument tout. Je n'ai pas confiance en lui alors qu'il n'a jamais rien fait pour cela. Il a été présent lors de ma dépression, il a accepté de changer énormément de choses pour moi et de faire de notre couple une réelle priorité et un réel engagement. Mais je reste bloquée sur le passé, aussi bien le mien, que le sien. Je me sens dépossédée de ma propre vie. J'ai mille choses que je voudrais faire, mais je n'entreprends rien... Je reste là, au lit, attendant que la journée passe. Je suis allée consulter plusieurs spécialistes et j'ai fait le tour de mes blessures passées. .../...

Maintenant, je ne veux plus ressasser, mais avancer. Je me vois comme une personne aigrie, remplie d'amertume et incapable de quoi que ce soit. Mes amies me disent que j'aurai un déclic un jour et que je changerai en me déculpabilisant et en vivant pleinement ma vie, mais je ne vois rien arriver. J'attends, et il ne se passe rien de bon. Alors, je me suis encore plus renfermée, encore plus culpabilisée et détestée. Les nuits me paraissent longues et sans fin... Je reste allongée des heures, j'ai lu des tonnes de livres. Même si pour beaucoup mon état est lié à la dépression, je sais au fond de moi que je ne suis plus malade, mais que j'ai besoin d'aide pour arrêter de vouloir être parfaite, dans une vie parfaite, avec un compagnon parfait. Je veux opérer un vrai changement, être sereine, calme et avoir confiance en moi, en mon couple, en les autres. Ne plus me sentir inférieure, parce que je n'ai pas réussi médecine, que je sais moins bien cuisiner que d'autres, que j'ai moins d'argent que certains et que j'ai moins voyagé. Je veux entreprendre mes projets, oser reprendre des études, faire du sport, sortir avec des copines sans me sentir coupable et nulle, et ne plus subir la peur de l'échec. J'en ai assez des crises de larmes et de la peur qu'on me trompe, parce que je ne suis pas à la hauteur. »

Le drame du perfectionnisme est que le besoin permanent de sauver les apparences s'accompagne d'une recherche obsessionnelle de la faille et donc d'une grande souffrance. Poussé à plus d'angoisses, l'individu s'infériorise en maintenant à tout prix une façade « bon chic, bon genre ». Le regard de l'autre prend alors trop d'importance, l'autre devient une idole, l'incarnation d'une divinité devant qui il faudrait absolument se montrer impeccable, sans failles ni défauts. Dur travail de chaque jour que de s'efforcer d'être « la gentille »... Avec sans cesse l'opinion d'autrui résonnant dans ses oreilles et les regards à supporter en se sentant nu comme un ver à chaque geste, chaque prise de parole, chaque tentative d'être soi.

Le drame du perfectionniste est d'obtenir exactement le contraire de ce à quoi il a dédié sa vie : être une personne parfaite, irréprochable, impeccable. On voit bien dans le mail type ci-dessus que le perfectionnisme influence toutes les sphères de la vie. Tout doit être un exploit ou une réussite, ou alors ? C'est le drame ! Les perfectionnistes sont ces personnes qui hésitent en choisissant un plat au restaurant comme si elles étaient en train d'acheter un appartement. Pour elles, c'est un choix crucial qu'elles sont en train de faire, surtout ne pas se tromper, faire un bon investissement, ne pas regretter, ne pas être coupable d'imperfection. Si elles vont faire du vélo, c'est pour monter un col sinon rien. Si elles invitent des personnes chez elles, la maison doit être refaite à neuf, et surtout les enfants doivent se tenir à carreau. Tout sera parfait, et pourtant... S'il manquait du sel dans le plat principal, voilà, tout est gâché, la preuve qu'elles ne sont pas faites pour cuisiner. La prochaine fois, il n'y aura pas de prochaine fois, un point c'est tout ! Et le soir venu, on retrouve ces personnes mangeant de la pâte à tartiner direct à la cuillère en pensant « Foutue pour foutue, de toute manière je ne mérite rien de bon, autant y aller franco... ».

« Être heureux ne signifie pas que tout est parfait. Cela signifie que vous avez décidé de regarder au-delà des imperfections. »

Aristote

La spirale du drame du perfectionniste fait qu'à l'avenir l'individu préférera rester seul et ne plus tenter. Le voilà engagé dans une culture de la défaite.

L'approche psychologique

D'après Franck Trommenschlager, psychanalyste et psychosociologue, « les perfectionnistes sont toujours "obsédés" de perfection[2] ». Dans les cas lourds, cela crée une « attitude de grand seigneur » : altruiste, loyal et généreux. Un exemple pour la société, qui derrière son masque calme,

2. « Le perfectionniste : quand la façade se lézarde ! », Franck Trommenschlager, Médiapart, 12 novembre 2011.

fidèle et louable cache une compensation agressive envers lui-même. Nombreuses sont les figures politiques dans ce cas…

Dans les cas plus légers, le perfectionnisme donne des personnes qui approuvent une info ou répondent « Oui oui, je connais » en hochant la tête à l'évocation d'un nom, d'un livre, d'un film ou autre, alors qu'elles ne savent même pas de quoi il s'agit. Le perfectionniste pourra même s'aventurer à poser des questions dont les réponses ne l'intéressent absolument pas, juste pour maintenir la façade de son personnage courtois et intelligent. Une personne « normale » accepterait tout simplement de ne pas connaître le sujet ou de ne pas être intéressée.

« À la base d'un tel comportement, se cache toujours une infériorisation ou une humiliation profonde, qui est souvent la résultante d'une éducation trop laxiste, ou au contraire trop rigide[3]. »

Mais il y a aussi un facteur culturel, il est très français par exemple de lever le doigt en classe seulement si on a la réponse ou pense l'avoir. Côté business, on trouve facilement des banques pour nous prêter de l'argent à la création d'une entreprise, mais plus rarement cinq ans plus tard lorsqu'il y a un besoin de trésorerie. Pire, quand on ferme une entreprise pour en ouvrir une autre, il est probable que le gérant ne trouvera plus d'investisseurs pour le financer. Tandis qu'outre-Atlantique, quelqu'un qui a échoué est considéré comme une personne qui s'est entraînée pour savoir comment réussir.

Le langage du perfectionniste ressemble à des « tu dois », « tu devrais », « il faut », « j'en étais sûr » et ses pensées sont focalisées sur « qu'est-ce qu'il/elle va penser de moi ». Où est passée la joie dans tout ça ? Il n'y en a tout simplement pas. Ce qui a le potentiel d'être une source de plaisir ou de détente devient un lourd paquet de compétitivité, de défaite et de culpabilité.

3. *Ibid*.

Pour schématiser, la spirale du drame de la perfectionniste se présente de la sorte :

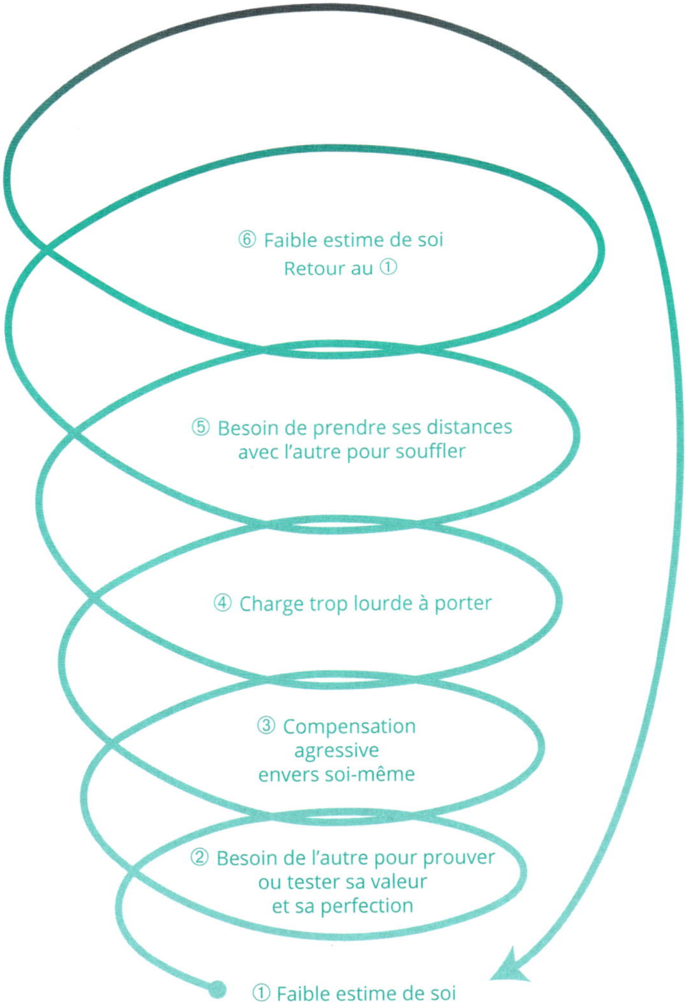

Comment sortir de la spirale ?

Pour ne pas continuer à être embarquée dans la spirale du drame, inspire-toi de ce tableau.

Caractéristiques de la spirale du drame pour une personne perfectionniste	Comment réagir ?
Elle attire à elle des situations d'abus, car elle fait preuve de gentillesse, de serviabilité et d'altruisme de façon démesurée pour mériter l'amour et ne pas vivre le rejet.	Apprends à dire « non ».
Elle ressent sans cesse l'injustice à cause de son besoin d'équilibre parfait.	Choisis tes combats et relativise.
Elle voit toujours en premier les failles et amplifie les problèmes, attirant ainsi la déception et l'incompréhension de son entourage.	Reviens-en aux faits, pense solutions.
Elle imagine le pire, vit dans la peur et la paranoïa.	Pense bénéfices et opportunités.
Elle a du mal à passer à l'action.	Ose échouer.
Elle veut tout contrôler et imposer son point de vue.	Laisse-toi surprendre.
Elle n'aime pas déléguer.	Profite des talents des autres.
Elle se déconnecte de ses émotions et de ses limites, oublie de prendre des vacances ou de manger.	Apprends à dire « je ressens », « j'ai besoin de », et fais la sieste !
Elle aligne sa valeur sur ce qu'elle accomplit.	Aime-toi sans conditions.
Elle ne supporte pas le retard, la saleté, le désordre et le prend comme une atteinte personnelle.	Dédramatise.

Autocoaching

- **Dans quels domaines as-tu du mal à lâcher prise ?**
- **Quels sont les bénéfices, les avantages que tu peux tirer du perfectionnisme ?**
- **Quels en sont les limites, les inconvénients ?**
- **Comment vas-tu t'y prendre pour dédramatiser ton quotidien ?**

Encore une fois, le maître mot est l'authenticité. S'autoriser à dire « Je ne connais pas », « Je ne sais pas », « Je ne peux pas ». Une autre stratégie très efficace est la gratitude. Quand une journée ne fonctionne pas comme on l'aurait voulu, on peut faire la liste de tout ce qui est positif malgré tout. On peut même en faire un rituel et utiliser un beau carnet pour y noter chaque soir tout ce pour quoi on peut dire « merci ».

N'attends pas que le bonheur tombe du ciel, crée-le en ajoutant de la joie et de l'optimisme dans tes ratés. Tu as brûlé ton chemisier au fer à repasser ? Bonne nouvelle, tu vas pouvoir faire les boutiques. La voiture est en panne ? Marcher pour aller au bureau ne peut pas te faire de mal. Tu n'as pas d'argent pour partir en vacances ? Plante la tente dans ton salon. Tu vois où je veux en venir ? Sors de la spirale du drame en remplaçant tes exigences par des préférences. Ajoute un peu de folie dans ton quotidien, change tes codes et tes habitudes. Plutôt que de voir toujours les problèmes, deviens une femme « solutions » ! Demande-toi : « Et si ce n'était pas si grave ? » Sors du fantasme d'une vie sans défauts et arrête l'autosabotage.

> *« C'est impossible, dit la Fierté. C'est risqué, dit l'Expérience. C'est sans issue, dit la Raison. Essayons, murmure le Cœur. »*
>
> **William Arthur Ward**

Passe à l'action !

Programme de la joie dans ta semaine. Chaque semaine, offre-toi trente minutes, une heure, deux heures, trois heures, peu importe le temps que tu vas y consacrer, pour ressentir de la joie. J'entends par joie un peu de folie, une chose qui vient bousculer tes habitudes et ton quotidien bien huilé, parfait, et osons le dire : ennuyeux ! En fonction de ton niveau de perfectionnisme, cela peut être : on marche pieds nus, on reste en pyjama toute la journée, on ne fait pas le ménage *(là, t'es une ouf !)*, je laisse mes enfants me coiffer et me maquiller, etc.

Alors, tu planifies du plaisir quand dans ta semaine ? Et tu comptes faire quoi ?

Sur une échelle de 0 à 10, à combien est-ce que tu situes aujourd'hui ton niveau de mauvais perfectionnisme, celui qui te plombe ? ....../10

JOUR 11
Le pouvoir de l'audace

De quoi te prives-tu en attendant que tout soit parfait ? À quoi penses-tu pendant que tu n'as pas l'audace de vivre de nouvelles expériences ?

> *« Plus on vit moins on pense, plus on pense moins on vit. »*
>
> **Arnaud Desjardins**

Laisse-moi te dire que ce ne sera jamais parfait, et qu'il y aura toujours un « oui, mais ». À force de vouloir vivre dans l'utopie du « tout », on stagne dans une impression de « rien ». Il est préférable d'avoir l'audace de commencer petit, même quand les rêves sont grands.

L'audace, c'est quoi ?

C'est le pouvoir d'agir face à la peur, de vivre plus et de penser moins. À la différence, le courage aide à faire face aux épreuves de la vie quand elles arrivent à l'improviste et que l'on décide d'y faire face, de ne pas en être victime.

L'audace est ce qui permet de défier les limites imposées par les parents, la norme, la culture, la pensée, les croyances et tout simplement soi-même, pour élargir sa carrure, ce que j'appelle « la tente » de sa propre vie.

En effet, notre vie est comme une tente dont l'espace peut s'élargir à mesure que les piquets sont replantés un peu plus loin dans le sol. Au fil des années, nous pouvons prendre « de la bouteille », et être en mesure d'élargir notre espace, notre confiance, notre influence, notre force intérieure, nos rêves.

C'est exactement ce qui s'est passé pour Ariel, la petite sirène de Disney, lorsqu'elle est passée de l'océan à la vie sur terre. Elle a utilisé l'audace pour élargir la tente de sa vie et emmener les piquets plus loin, au-delà de l'océan. Et tu sais quoi ? J'imagine très bien, le jour de son mariage avec le prince, d'autres sirènes murmurer « J'suis dégoûtée, elle a trop d'la chance !! ».

Pourtant, les gens qui ont ce que l'on voudrait ne sont pas chanceux, mais audacieux. Ils ont payé le prix pour arriver là où ils sont. Je ne parle pas du prix que paient déjà constamment les perfectionnistes, qui font tout pour éviter d'être communes ou médiocres. Ce prix-là est bien trop élevé pour un résultat qui n'est que stress et démotivation. Je parle du fardeau doux et léger d'oser se montrer vulnérable…

Quand on remplace son perfectionnisme par de l'audace, on se met « en danger » pour défier ses propres limites et dépasser ses peurs. Ainsi, on découvre qu'on peut faire de ses erreurs des opportunités pour rebondir.

Faire preuve d'audace ? Oui, mais… sans objections

J'ai interviewé de nombreuses femmes (témoignages à lire sur le blog jarretedetreparfaite.com), et j'ai remarqué que toutes celles qui sont heureuses n'ont pas suivi le mode d'emploi imposé par les autres, mais se sont laissées guider par leur propre plan : celui de leurs rêves. Elles ont accepté que tout ne soit pas parfait. Elles ont accepté de décevoir leur entourage. Elles ont accepté de demander de l'aide et d'être authentiques.

Les perfectionnistes ne comprennent souvent pas pourquoi les choses n'arrivent pas comme ils les avaient prévues. Alors, pourquoi est-ce que cela ne fonctionne pas ?

Parce qu'ils avaient tout prévu justement ! Quand il n'y a pas de place pour la magie, elle n'opère pas. C'est seulement en acceptant de sortir un peu de notre zone de confort et de sécurité que des choses inattendues et extraordinaires peuvent survenir.

Grâce à l'audace, tu peux réinventer ta vie, voyager au bout du monde, sauter en parachute, te marier, entreprendre, obtenir des remises commerciales imbattables, bref, voir des portes s'ouvrir. Et tu sais quoi ? Il y aura toujours des couacs, des ras-le-bol, et des gens pour te regarder de travers en se disant « Elle a pété les plombs celle-là », « Reviens sur terre ! », « Quand est-ce que tu te trouves un vrai travail ? »…

Au départ, l'audace commence juste avec une idée, un rêve, qui se poursuit par le pouvoir de faire et de voir les choses arriver. Malheureusement, nous avortons nous-mêmes de ce fabuleux pouvoir créateur, quand nous enclenchons le mode de pensée « oui, mais ».

Peut-être qu'à force de vouloir que tout soit parfait, ton mode de pensée s'est transformé en « oui, mais » :

- « Oui, mais j'ai pas le temps » ;
- « Oui, mais je manque de ressources » ;
- « Oui, mais je ne suis pas la bonne personne » ;
- « Oui, mais c'est pas dit que ça marche » ;
- « Oui, mais qu'est-ce que les autres vont penser » ;
- « Oui, mais j'ai déjà (tout) essayé » ;
- « Oui, mais ça n'se fait pas » ;
- « Oui, mais qu'est-ce qu'on va penser de moi » ;
- bref, oui, mais !

Le problème est que lorsque l'on donne nos rêves à « oui, mais », il les remet à « plus tard », qui les délègue à « jamais ». Le pouvoir du « oui, mais » nous fait vivre l'ordinaire, tandis que le pouvoir de l'audace nous dirige vers l'extra-ordinaire.

Alors, quand tu réalises que ton mode de pensée « oui, mais » s'enclenche, tu peux voir les choses différemment en utilisant ces trois affirmations : « j'ai envie », « je veux », « je peux ».

J'aime aussi beaucoup le conseil de Sheryl Sandberg, l'une des femmes les plus puissantes dans le secteur informatique en 2014, qui dit : « Done is better than perfect. » Autrement dit : Fait vaut mieux que parfait.

L'audace, la meilleure ennemie de la procrastination

Dans sa forme pathologique, le perfectionnisme peut s'avérer très dommageable quand il prend la forme de la procrastination. C'est là toute l'ironie : avoir une énorme motivation à parvenir au succès et en être justement empêchée par autosabotage à cause de la peur d'échouer. Des études montrent que le perfectionniste à la recherche d'approbation sociale a souvent tendance à reporter sans cesse les tâches qu'il doit exécuter. Les pensées sous-jacentes sont : « Je ne peux pas entreprendre ce projet tant que je ne connaîtrai pas la *bonne* façon de faire », « Comment expliquer que je ne sache pas exactement, je dois être vraiment bête », « Aujourd'hui j'ai bloqué sur un dossier et je n'ai rien fait d'autre de la journée, autant dire que je ne sers à rien », « Je ne ferai pas ceci tant que cela ne sera pas parfait ! ».

Le travail des thérapeutes est justement de s'attaquer aux pensées et aux croyances limitantes selon lesquelles une réalisation est soit parfaite, soit inutile.

La faible productivité est souvent le symptôme d'un perfectionnisme avec des gens qui consacrent leur temps et leur énergie à des détails sans importance d'un projet plus vaste. Conclusion ? Des employés en burn-out, en dépression, qui claquent entre les doigts de leurs managers et de leurs collègues, qui sacrifient leur vie familiale et sociale pour des choses qu'ils sont les seuls à s'imposer, ou qui s'isolent voire sont exclus par ceux qui les jugent inaptes. C'est un cercle vicieux. Les étudiants et les travailleurs qui font tout pour que ce soit parfait contribuent en réalité à un mauvais rendement par leur difficulté à passer à l'action, la peur de se tromper, la philosophie du « tout ou rien » et la dépendance au travail.

C'est ici que le pouvoir de l'audace peut faire toute la différence et permettre de passer à l'action :

- L'audace ne connaît pas les limites imposées par les convenances.
- L'audace est l'ingrédient qui te fait passer de chenille à papillon.
- L'audace te fait passer de « j'ai envie », à « je veux », puis à « je peux ».
- L'audace ne craint pas, elle croit seulement.
- L'audace n'attend pas que tout soit parfait pour passer à l'action.
- L'audace est ton laissez-passer vers ta zone de génie.

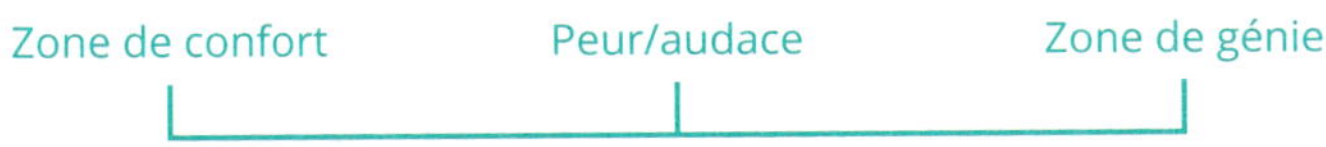

La peur, pas toujours bonne conseillère

La peur n'est pas toujours une mauvaise chose à bannir. Parfois, elle nous protège. Mais elle constitue un obstacle lorsqu'elle nous empêche de prendre notre vie en main et de réaliser nos rêves.

Malheureusement, on voudrait toujours avoir la certitude que tout va se passer parfaitement avant de prendre des décisions. Cela crée des personnes frustrées, qui pensent qu'elles pourront passer à l'action quand tout sera parfait dans leur vie. Pourtant, ce ne sera jamais parfait, ce ne sera jamais le bon moment, et il y aura toujours des gens pour critiquer, juger et limiter les autres par leurs propres peurs. La seule chose dont nous pouvons être sûres, toi et moi, c'est que chaque jour est constitué d'un matin et d'un soir. Entre les deux, il y a ce que nous faisons de nos doutes et de nos peurs pour être l'artisan de notre propre bonheur.

> *« La plus grande audace est fille de la plus grande peur. »*
>
> **Francisco de Quevedo**

Quelles sont les peurs qui te renvoient systématiquement dans ta zone de confort ?

Les quatre peurs dominantes	Symptômes de la personne	Antidotes
La peur de l'échec	• A des exigences surréalistes. • Fuit le changement. • Accepte mal les compliments. • A une faible estime de soi. • Veut tout prévoir, planifier, anticiper.	« Je ne perds jamais. Soit je gagne, soit j'apprends. » (Nelson Mandela) « 100 % des choses qu'on ne tente pas échouent. » (Wayne Gretzky) **= Ose essayer**
La peur du jugement	• Remet les choses à plus tard. • Se demande si elle va rougir, paraître ridicule, idiote, stupide, illégitime, grosse, moche… • Perd son temps sur des détails. • Est perfectionniste.	« Être libre, c'est aussi ne pas agir en fonction du regard d'autrui. » (Frédéric Lenoir) « Le jugement d'un seul n'est pas la loi de tous. » (Jean-Baptiste Louis Gresset) **= Ose te tromper**
La peur du rejet	• A toujours une « bonne » excuse. • Rejette elle-même ses idées. • Ne donne pas son opinion. • Se sent souvent seule. • Ne veut pas déranger. • Prend peu de place.	« Je ne sais pas ce qui est possible ou non, alors j'agis comme si tout était possible. » (David Laroche) « Il ne faut pas attendre d'être parfait pour commencer quelque chose de bien. » (Abbé Pierre) **= Ose rêver**
La peur de la réussite	• Se coupe du monde. • Se sent submergée. • Veut rester modeste. • Pense ne pas mériter. • Ne se récompense pas.	« Réussir est peut-être difficile, mais abandonner l'est encore plus. » (Lance Armstrong) « Si on veut obtenir quelque chose que l'on n'a jamais eu, il faut tenter quelque chose que l'on n'a jamais fait. » (Périclès) **= Ose avoir du succès**

Souviens-toi que l'inaction renforce la peur. À l'inverse, l'action nourrit l'audace. Si tu souhaites une vie parfaite, tu vas penser en millimètres, mais si tu désires une vie audacieuse, tu vas penser en kilomètres : laisse les détails et change ton outil de mesure. La différence entre ceux qui vivent des choses ordinaires et ceux qui vivent des choses extraordinaires, c'est le courage de poser des actes à la hauteur de leurs rêves.

Autocoaching

- **Quelles sont les peurs qui constituent un frein pour toi ?**
- **À quelles occasions as-tu fait preuve d'audace dans ta vie ?**
- **À quelles occasions es-tu retournée dans ta zone de confort à cause de la peur ?**
- **Si tu n'avais aucunes craintes, qu'est-ce que tu tenterais ?**
- **Quelle est ta prochaine action pour te donner les moyens de te rapprocher petit à petit d'une vie plus audacieuse ?**

Un retour à plus d'humanité, avec le droit à l'erreur et des objectifs réalistes permet de passer à l'action à nouveau et de faire preuve d'un peu plus d'audace.

Passe à l'action !

Lorsque tu hésites à faire un choix par crainte, il y a trois questions qui peuvent t'aider à prendre ta décision :

- Qu'est-ce qui pourrait (m')arriver de pire ?
- Qu'est-ce qui pourrait (m')arriver de meilleur ?
- Quelles sont les conséquences que je suis prête à assumer entre oser le pire ou passer à côté du meilleur ?

Quand tu as la réponse à ces trois questions, tu es prête pour assumer la responsabilité de tes choix et de tes résultats, peu importent les imperfections et les imprévus. Choisir la joie, c'est se libérer de la pression de faire « le bon » choix ou « le mauvais » choix pour faire le choix de la joie, celui qui est le plus en accord avec soi-même. C'est sortir du « bon » et du « mauvais », pour penser en termes de plaisir, avec ce qui est « agréable » ou « désagréable ».

Sur une échelle de 0 à 10, à combien est-ce que tu situes aujourd'hui ton niveau de mauvais perfectionnisme, celui qui te plombe ? ....../10

J'ARRÊTE D'ÊTRE PARFAITE !

JOUR 12

La puissance de la grâce

Comment avoir de la joie dans son quotidien sans s'autoriser le droit à l'erreur avec une vie toute bien prévue, ordonnée et organisée ? Où se trouvent la spontanéité et le plaisir des plans B ? Sans devenir un anarchiste et tourner complètement le dos à la société, un peu de désordre nous fait découvrir l'amour sans condition et le bonheur des énièmes chances.

J'apprends à être plus indulgente avec moi-même et avec les autres

Il est évident que pour vivre heureux, nous ne pouvons pas attendre des autres une nouvelle chance pour pouvoir nous l'accorder à nous-mêmes. Nous sommes par nature en opposition avec le message de la grâce. En pratique, comment faire preuve d'indulgence ? C'est (s')accorder une faveur sans regarder au mérite. Cela vient complètement en contradiction avec la loi qui juge et condamne. Pas un seul être humain n'est parfait, on le sait bien. Quand je me fais flasher en voiture alors que je faisais attention à la vitesse, je me dis que c'est pour toutes les autres fois où je ne me suis pas fait prendre (il doit y en avoir, c'est sûr !). La puissance de la grâce permet de passer l'éponge sur l'ardoise de son cœur et de jeter tout ce qui fait office de déchet ou pollue son quotidien dans la mer de l'oubli.

Notre cœur a soif de justice et aura toujours tendance à faire prévaloir la loi sans aucune autre considération. On appelle ça « le légalisme ». Il va de pair avec le souci de respecter minutieusement l'ordre et les traditions. Voilà pourquoi cela pend au nez de tous les perfectionnistes et de toutes les personnes qui n'aiment pas le changement. Soit parce qu'elles voudront faire appliquer la loi pour que les autres soient parfaits. Soit parce qu'elles auront peur de leurs propres imperfections et d'être « hors la loi ». Les perfectionnistes ont souvent des principes moraux très élevés. Avec eux, c'est noir ou blanc, bien ou mal, il y a des « bons » et des « méchants ».

« Est-ce que les gens naissent égaux en droit, à l'endroit où ils naissent ? », comme le demande Maxime Le Forestier dans sa chanson *Né quelque part*. Définitivement non. Tandis que certains partent de rien, d'autres démarrent avec tout. Puisque la vie elle-même n'est pas légaliste, pourquoi le serions-nous ?

« La perfection est un idéal, l'imperfection la réalité. »

Virginie Carvalho

Le top 10 des principales caractéristiques d'une personne légaliste

1. **Elle dicte ce qu'il faut faire et ne pas faire.**
2. **Elle est très charismatique, impose le respect et semble être une « bonne » personne.**
3. **Elle condamne, menace et fait vivre de la culpabilité.**
4. **Elle voit le mal, le danger, l'ennemi partout.**
5. **Elle donne des ordres, a un avis sur tout et fait la morale.**
6. **Elle prive d'autonomie et impose ses choix.**
7. **Elle pense agir au nom du bien ou de l'amour.**
8. **Elle a des convictions pour les autres qu'elle n'applique pas à sa propre vie.**
9. **Elle veut décider, être le chef, dit souvent « fais ci, fais pas ça ».**
10. **Elle n'a pas d'ordres à recevoir et ne se remet pas en question.**

Je bannis le « culte du chef »

Quand la loi prévaut sur toute autre considération, elle n'est plus sécurisante, mais dangereuse. Cela crée des « tout-puissants ».

Tu connais *Les Aristochats* de Walt Disney ?

Dans ce dessin animé, il y a un passage très parlant au sujet du légalisme qui s'intitule « C'est moi le chef ». Tu trouveras facilement cette scène en vidéo sur Internet en tapant « Les Aristochats, c'est moi le chef ». Laisse-moi te retranscrire quelques lignes du dialogue entre deux chiens (oui, dans *Les Aristochats*, il y a toutes sortes d'animaux) :

- « Lafayette ! Hé, Lafayette ! Lafayette !
- Oui oui, ben j'suis là !
- Écoute, j'entends un bruit de roue.
- Oh, Napoléon, nous avons mordu six pneus aujourd'hui... couru après quatre autos, une bicyclette et une moto.
- Chut, tais-toi ! C'est une motocyclette [...]. Alors toi tu attaques sur les flancs, et moi j'attaque quand l'ennemi est désarçonné.
- Et pourquoi c'est jamais toi la première vague d'assaut ?
- Parce que je suis le chef, voilà pourquoi ! Cesse de rouspéter et sonne la charge. (Aboiements.)
- Tu sonnes la soupe !?
- De toute façon, c'est une sonnerie.
- Je peux très bien te remplacer, tu sais !
- Bon, sonnons la charge. (Aboiements.)
- Arrête, trompette, c'est moi qui suis le chef, c'est moi qui décide quand on y va. (Pause.) Alors, on y va ! Chaaargez ! »

Les « serial perfectionnistes » ont tendance à être comme ce Napoléon qui veut être le chef, décider, dire aux autres ce qu'ils doivent faire, quand ils doivent le faire, et comment ils doivent le faire. Ces personnes sont souvent persuadées d'avoir raison et d'agir pour le bien de tous, voire au nom de l'amour... Et tu sais quoi ? Elles font fuir tous les gens autour d'elles et ne comprennent pas pourquoi leurs efforts pour que tout soit parfait tombent à l'eau. Alors elles resserrent la vis un peu plus et s'enferment dans une spirale destructrice pour elles-mêmes, comme pour tous ceux qui osent encore les approcher. À force de vouloir tout maîtriser et avoir tout sous contrôle, elles font la pluie et le beau temps et se prennent pour Dieu. Sous couvert de faire le bien, elles visent un idéal inatteignable, et se positionnent en juge.

Dans le cadre de mes coachings, je me suis rendu compte que cela touche beaucoup plus de familles qu'on ne le pense. Voici quelques témoignages :

Sandrine, 34 ans

« J'ai beau être trentenaire, quand je mange chez mes parents, je me retrouve comme une petite fille, je n'ai pas mon mot à dire. »

Sylvie, 50 ans

« Je pense que les mamans ont toujours raison. Même quand elles ont tort, elles ont raison. Avec mes enfants, c'est moi qui décide, et s'ils ne sont pas contents, c'est pareil. »

Viviane, 44 ans

« J'ai tellement souffert enfant de ne pas pouvoir vivre, simplement vivre, qu'aujourd'hui dans notre famille il n'y a pas de chef. On ne veut pas être toujours dans le bras de fer avec nos enfants. Il y a des négociations, du lâcher-prise et de l'autonomie. C'est important que mon enfant me tienne la main pour traverser la route, mais ce n'est pas grave s'il part à l'école les cheveux en vrac. »

Margaux, 25 ans

« Si je n'appelle pas mon père une fois par semaine, tous les lundis, il me le fait payer en ne m'adressant plus la parole. Ça doit être comme il veut, quand il veut, sinon je crois qu'il pourrait me déshériter. »

Kim, 32 ans

« Quand je mange à la cafète du taff, ma supérieure est du genre à me dire de m'asseoir à une place, et une fois que je suis installée, elle change d'avis et me demande de me déplacer. »

Anne, 34 ans

« Je me rends compte que j'exige énormément de mon conjoint, mais c'est plus fort que moi. Par exemple, quand il s'occupe du linge, je refais tout derrière lui. »

J'ARRÊTE D'ÊTRE PARFAITE !

Autocoaching

- **Lafayette et Napoléon te font-ils penser à des personnes que tu connais ?**
- **Es-tu tellement perfectionniste que tu es devenue légaliste ? Et si oui, de quelle manière et avec qui est-ce que cela s'exprime ?**
- **Quand as-tu pour la dernière fois passé l'éponge sur l'ardoise de ton cœur ?**

« Le bonheur n'est pas dans la recherche de la perfection, mais dans la tolérance de l'imperfection. »

Yacine Bellik

La puissance de la grâce est disponible à chaque fois que tu en as besoin, 7 j/7, H24, même les jours fériés, pendant les vacances, et n'a pas de date de péremption. Ce n'est pas une excuse pour faire tout et n'importe quoi, c'est une raison de plus de faire de son mieux sans se mettre la pression.

Si tu veux être une personne qui utilise la puissance de la grâce dans son quotidien, suscite des questions, plutôt que d'avoir réponse à tout. Tu peux libérer les gens en leur laissant la responsabilité de leur choix et de leurs résultats.

Ne cherche pas à être une « bonne » personne, une « bonne » épouse, une « bonne » (belle-)mère, une « bonne » grand-mère, en cochant dans une liste les choses à faire et les choses à ne pas faire. Je ne pense pas qu'il y ait une « bonne » manière d'être ou de faire, mais autant de possibilités que d'individualités. La joie est accessible quand on ne se place pas sous la loi, mais sous la grâce, et que l'on se focalise sur ce qui unit et non ce qui divise. Demande-toi : qu'est-ce qui est le plus important pour préserver l'intégrité de chacun ? Distingue les gens de leurs comportements. Par exemple : rater une action ne fait pas de toi « une ratée ». Il y a une différence entre faire et être.

Tandis que le perfectionnisme nous coupe du plaisir de vivre, la grâce remet la joie au centre sans obligation de perfection. Être ambitieux, c'est bien. Mais lorsque le désir de faire mieux se transforme en volonté acharnée et légaliste, cela fait des dégâts en soi et autour de soi. Frédéric Fanget, auteur de *Toujours mieux ! : Psychologie du perfectionnisme*[4], explique que nous baignons dans une culture du « bonheur obligé » par la perfection imposée. Ainsi les mères ne supportent même plus de voir leurs enfants apprendre à manger et mettre de la purée de carotte partout sur leur chaise haute. Il énonce que seul le perfectionnisme positif permet d'accéder à l'épanouissement, en acceptant les ratés de temps en temps, sans en faire une affaire personnelle. En effet, le perfectionnisme toxique fait toujours passer les contraintes avant le plaisir, les règles avant la joie, la loi avant la grâce. Pourquoi ? Simplement parce que la personne est intolérante envers elle-même, avant de l'être envers l'erreur en question. Alors apprends à distinguer le perfectionnisme positif de celui qui est toxique en étant plus à l'écoute de tes émotions.

Passe à l'action !

Afin d'être plus à l'écoute de tes émotions, je te propose de ressentir la colère qu'il y a à l'intérieur de toi. Étrange ? Désagréable ? Il faut bien que cela sorte un jour, non ? Écris une lettre de reproches spontanée sur du papier toilette (si si, ça marche, j'ai essayé !) qui s'adresse dans une première partie à toi-même et dans une seconde partie aux autres. Ne te relis pas, décharge tout ce que tu as sur le cœur, tout ce que tu ne tolères pas. Ensuite, mets tout ça en boule et rends-toi « là où l'empereur va seul ». Jette tout ce dont ton cœur t'accuse et se victimise dans « la mer de l'oubli » (bref, tire la chasse !).

Sur une échelle de 0 à 10, à combien est-ce que tu situes aujourd'hui ton niveau de mauvais perfectionnisme, celui qui te plombe ? ....../10

C'est le week-end !

4. Odile Jacob, 2006.

J'ARRÊTE D'ÊTRE PARFAITE !

JOUR 13

Playlist pour enclencher le mode « joie »

La musique a le fabuleux pouvoir créateur d'accompagner nos émotions : peur, joie, tristesse, colère, dégoût… Rends-toi sur mon blog pour écouter la playlist qui met du soleil et des énièmes chances dans ton quotidien pour être bien malgré les circonstances et les imperfections !

https://jarretedetreparfaite.com/playlist-joie/

JOUR 14

Diplôme de « Recherche de la joie »

(Je te laisse remplir ton diplôme et prendre conscience de l'engagement que tu prends envers toi-même en le recevant.)

Attribué à ....

Pour avoir suivi la totalité de la semaine

« Je choisis la joie »

Sur la période du.................... au....................

Avec les félicitations du jury de « J'arrête d'être parfaite ».

Pour rappel, ce diplôme engage son titulaire à :

- choisir la joie ;
- vivre pour de vrai, tout simplement ;
- être heureuse avec ses imperfections ;
- rêver ;
- oser des folies ;
- agir face à la peur ;
- être audacieuse ;
- sortir de sa zone de confort ;
- entrer dans sa zone de génie ;
- (s')offrir des énièmes chances.

I
ME

SEMAINE 3

Je choisis l'amour

JOUR 15
Quel alliage de forces suis-je ?

Comme les perfectionnistes voient tout de suite ce qui ne va pas ou ce qui pourrait être amélioré, c'est souvent difficile pour eux de connaître leurs forces. C'est simple, ils pensent toujours que ce qu'ils font ou ce qu'ils sont est insuffisant. Ils entretiennent ainsi une longue histoire de désamour avec eux-mêmes. J'aimerais t'aider à (re)trouver plus d'estime de toi et pour cela j'ai une question : Qui es-tu ? Sérieusement, relis la question…

J'apprends à mieux me connaître

Si tu ne sais pas qui tu es, tu ne sais pas ce que tu dois apprendre à aimer. Quand je pose cette question dans mes ateliers, j'entends souvent : « maman de jumeaux », « femme au foyer », « intérimaire », « expert-comptable », « célibataire endurcie », etc. Je sais que tu auras certainement aussi envie de répondre par ce que tu fais dans la vie. Mais ce que tu es n'est pas ce que tu fais ou ce que la société (a) fait de toi. Alors permets-moi de te reposer la question : qui es-tu ? Quel est ton « je suis » ?

Aujourd'hui, je réponds à cette question par « je suis audacieuse et ex-perfectionniste ». Mais ça n'a pas toujours été le cas ! Pendant longtemps, quand je cherchais les mots pour me décrire je pensais tout de suite à « têtue ». Ben c'était raté pour voir mes forces et apprendre à m'aimer, j'étais focalisée sur mes failles. Perfectionnisme, quand tu nous tiens… !

> *« Le perfectionnisme, la marque des grands. Le perfectionnisme, la douleur des grands. Car la perfection, personne ne peut l'atteindre. »*
>
> **Pierre Bruneau**

Jusqu'au jour où j'ai compris que nous avons tous les qualités de nos défauts (et inversement).

Donc si cette question est difficile pour toi, dis-moi tes failles, et je te dirai tes forces ! Quand j'étais enfant, on me disait parfois que je n'étais qu'une bourrique. En béarnais, cela ressemblait plutôt à « capborrut ». Vingt-cinq ans plus tard, j'ai enfin découvert en quoi cela pouvait être une force d'être capable de rester concentrée sur une idée, sans que rien ne puisse t'en faire dévier. Donc aujourd'hui, je ne dis pas que je suis « têtue », je dis que je suis « focus » (en prononçant le « s »). Parce que c'est exactement cette force qui m'a permis d'aller jusqu'au bout de ma reconversion professionnelle pendant mon congé parental, entourée, pour seul soutien familial, de mon mari. Tu vois où je veux en venir ?

Autocoaching

- **Et toi, qu'est-ce que ton entourage (a) dit de toi ?**
- **Quels sont les adjectifs qui te viennent en tête pour te décrire ?**
- **Quelles sont les qualités de tes défauts ?**

Si tu penses à des choses bien négatives en premier, c'est que ton juge intérieur a encore frappé et que tu vas devoir lui mettre un bon coup de pied aux fesses. Pour cela, je te propose de prendre le temps de te reconnecter à ce que tu aimes faire.

Je détermine mes formes d'intelligence dominantes

Nos passions disent quelque chose de notre forme d'intelligence. On sait aujourd'hui, grâce au psychologue américain Howard Gardner, qu'il existe de multiples intelligences. À titre d'exemple, les difficultés à communiquer ou à résoudre des calculs complexes d'une personne atteinte d'autisme ne sont pas la preuve qu'elle manque d'intelligence. Parmi les huit formes d'intelligence, chacun a tendance à en développer davantage trois ou quatre. Bien sûr, rien n'est figé dans le temps.

Peut-être que tu as été jugée peu ou pas intelligente, et qu'aujourd'hui tu as constamment peur de ne pas être à la hauteur et que tu manques de confiance en toi. À l'inverse, on t'a peut-être tellement rabâché que tu étais intelligente que tu craignais (peut-être encore) de décevoir ton entourage. D'où l'angoisse d'être… parfaite !

Certains échecs, scolaires notamment, sont tout simplement dus à une mauvaise compréhension des formes d'intelligence. D'ailleurs en 2017, l'Éducation nationale repose sur seulement deux formes d'intelligence, à savoir l'intelligence verbale-linguistique et l'intelligence logico-mathématique.

Il existe des tests précis pour déterminer son type d'intelligence, mais tu peux déjà te faire une idée en observant tes préférences dans le tableau ci-dessous.

Ce que tu aimes faire	La forme d'intelligence associée
Lire, argumenter, débattre, prendre la parole en public, pratiquer des jeux de mots (Scrabble®, mots placés, mots croisés...), faire des comptes rendus, raconter ou écrire une histoire, faire des blagues, mémoriser des dates, se souvenir des noms, écrire ou réciter des poèmes, apprendre de nouvelles langues.	**L'intelligence verbale-linguistique** C'est la capacité à manier les mots (à l'écrit comme à l'oral). Exemple : Victor Hugo.
Calculer, quantifier, résoudre des problèmes mathématiques et des énigmes, émettre des hypothèses, manipuler l'abstrait, les symboles et les signes, faire des jeux de stratégie et de chiffres, raisonner logiquement en causes et conséquences, utiliser des diagrammes, des formules et des analogies, travailler sur un ordinateur, déchiffrer des codes, s'informer sur la science.	**L'intelligence logico-mathématique** C'est la capacité à utiliser les chiffres et la déduction. Exemple : Albert Einstein.
Utiliser son corps, réussir des mouvements précis, communiquer avec le toucher et les mains, faire des gestes qui demandent de la précision, de la dextérité, de la coordination, de la flexibilité, jouer avec les choses et les matières (toucher, bouger, danser, courir, masser, pétrir, dribbler, s'étirer, bricoler...).	**L'intelligence corporelle-kinesthésique** C'est la capacité à utiliser son corps. Exemple : Antoine Griezmann.
Raisonner de façon spatiale et mentale, faire du graphisme ou de l'imagerie, aimer les formes et les couleurs, se situer dans l'espace, faire des parcours d'orientation, illustrer, sculpter, peindre, dessiner, piloter, filmer, monter une vidéo.	**L'intelligence visuelle ou spatiale** C'est la capacité à penser en trois dimensions. Exemple : Sophie Ferjani.
Reproduire des rythmes, discerner des sons, interpréter, rendre des émotions en musique, jouer d'un instrument, écrire des chansons, composer, diriger une pièce musicale, chanter, assister à des concerts, faire des partitions.	**L'intelligence musicale** C'est la capacité à vivre et à rendre des émotions par la musique. Exemple : Frédéric Chopin.

Percevoir les humeurs, les émotions, les intentions, les motivations, comprendre le langage non verbal, être sensible à la gestuelle, à la souffrance, mener des discussions, conseiller des amis, s'engager dans des associations, comprendre les préoccupations des autres, exprimer son empathie.	**L'intelligence sociale ou interpersonnelle** C'est la capacité à bien interagir avec les autres et à s'adapter aux circonstances. Exemple : Mère Teresa.
Apprendre sur soi-même, développer son estime personnelle, partager ses valeurs, être dans l'auto-observation et l'autodiscipline, méditer, passer du temps en solitaire.	**L'intelligence de la conscience de soi ou intrapersonnelle** C'est la capacité à s'explorer soi-même, bien se connaître, comprendre et maîtriser ses propres émotions, exprimer sa démarche personnelle. Exemple : Gandhi.
Être sensible au monde, aux animaux, aux végétaux, comprendre les écosystèmes, vivre en symbiose avec la nature, photographier et observer les espèces, faire des promenades, des randonnées, classer et retenir des détails, aimer la botanique, explorer, chasser, pêcher, cuisiner.	**L'intelligence naturaliste** C'est la capacité à être attentif au monde vivant. Exemple : Nicolas Hulot.

Ce tableau n'aborde pas l'intelligence existentielle ou spirituelle, qui est la capacité à se questionner sur le sens des choses et de la vie, d'où on vient et où l'on va.

Quant à l'intelligence émotionnelle, c'est un concept proposé par les psychologues Peter Salovey et John Mayer qui se rapproche de la description de l'intelligence sociale d'Howard Gardner. On peut dire que c'est l'art de comprendre les émotions et de composer avec celles-ci, qu'elles soient propres à soi-même ou à autrui. Voilà pourquoi on ne devrait pas juger les larmes d'une personne soi-disant « trop sensible », alors qu'elle fait simplement preuve d'une intelligence spécifique.

Autocoaching

- **Qu'est-ce que tu aimes faire ?**
- **Quelle est la liste de tes talents ?**
- **Quelles sont les tâches où tu es performante ?**
- **Quels sont les encouragements que tu as déjà reçus ?**
- **Quels sont tes réalisations, tes succès personnels et professionnels ?**
- **En quoi ton quotidien s'accorde-t-il avec ce que tu aimes faire ?**

Je découvre mes cinq talents vers le succès

> *« Se trouver imparfait est une chance : si je croyais avoir atteint la perfection, mon métier perdrait son intérêt. »*
>
> **Jean Marais**

Encore une chose que je voudrais te faire partager et qui a été une véritable révélation pour moi : c'est quand j'ai découvert mes cinq talents majeurs grâce au test « StrengthsFinder » de l'institut Gallup basé aux États-Unis. Parmi tous les questionnaires en ligne *(et disons-le franchement les pièges à touristes)*, celui-ci est vraiment de qualité supérieure. À l'aide d'une enquête réalisée dans le monde entier sur plus de 10 millions de personnes (toutes professions confondues), Marcus Buckingham et Donald Clifton ont réussi à isoler 34 thèmes liés aux forces et aux talents qui ont permis à ces personnes d'atteindre le succès. Aujourd'hui, en répondant à une série de questions en ligne parmi ces 34 thèmes, tu peux connaître les cinq thèmes les plus importants dans ton profil. Le test est payant, mais ça vaut vraiment la peine de se passer d'une soirée resto !

En 2014, alors que j'étais en pleine remise en question professionnelle, j'ai découvert ce test que mon mari, Thomas, avait utilisé avec son associé pour la gestion de l'équipe dans son agence de communication. Grâce à ça, j'ai pu choisir un nouveau métier dans lequel je peux pleinement utiliser mes forces, et, de son côté, Thomas a pu restructurer son entreprise afin de tirer le meilleur de ses employés.

Un autre bénéfice, et pas des moindres, a été une meilleure communication au sein de notre couple. C'était comme si, enfin, on avait des mots à poser sur nos singularités et que l'on pouvait mieux se comprendre.

Je me souviens par exemple d'un moment de tension systématique que nous avions quand on passait une nuit à l'hôtel. Le lendemain matin, je m'activais pour nettoyer la chambre et faire le lit. Avant que je passe le test, Thomas me disait que j'étais incapable de lâcher prise et de profiter d'un service mis à notre disposition. De mon côté, j'entendais qu'il me prenait pour une psychorigide maniaque, et ça m'énervait franchement. Mais lorsque j'ai fait le test, c'est l'empathie qui est apparue en force numéro 1 dans mon profil. Tout s'est éclairé. J'étais empathique à l'égard de la personne qui s'occuperait du nettoyage de notre chambre. J'ai la capacité naturelle de me mettre à la place des autres. Aujourd'hui, Thomas me laisse faire en sachant que cela fait partie intégrante de moi, et, de mon côté, je m'autorise même à déposer un mot simple sur le lit disant « Merci pour votre travail ». Et voilà, tout le monde est content !

Toi aussi, pour connaître tes cinq forces naturelles, tu peux te rendre sur sf1.strengthsfinder.com

À l'heure actuelle, seule la première version du test a été traduite en français. Pour la 2.0, c'est en anglais. Bloque 45 minutes dans ton agenda, où tu seras tranquille et concentrée sur ton ordinateur : pas d'interruptions, de téléphone, ni de notifications. Tu auras environ 150 questions avec seulement 20 secondes pour répondre à chacune d'entre elles. Une fois le test terminé, tu recevras toute une série d'explications et de conseils que tu pourras enregistrer et/ou imprimer.

Avec les résultats, tu auras un outil fiable et concret pour mieux te connaître et maximiser tes talents. Une perfectionniste a tendance à se préoccuper de ses faiblesses, mais en te concentrant sur tes forces, tu augmentes ton taux de réussite et en même temps ton estime personnelle.

Forte de tes formes d'intelligence dominantes et de tes talents majeurs, quel alliage de forces es-tu ?

Choisis l'amour et souviens-toi qu'on a toujours les qualités de nos défauts et inversement. La solution n'est pas de renier une partie de toi en oubliant tes failles, mais de te connaître pour utiliser tes forces comme tes faiblesses de la meilleure des manières. Tu peux dédier un cahier aux compliments que tu reçois. Ainsi, quand ton juge intérieur frappera si fort sur ton cœur que tu ne seras plus capable de voir ce que tu fais de bien, tu pourras le relire.

Plutôt que de chercher la perfection, vise l'excellence dans ta sphère de compétences dominantes, en fonction de tes formes d'intelligence et de tes talents naturels. Tu vas réapprendre à t'aimer en te focalisant sur l'alliage de forces que tu es !

Passe à l'action !

Augmente le temps que tu consacres aux domaines ou aux activités qui expriment tes forces. Retombe en enfance pour faire ce que tu aimes (comme du coloriage par exemple).

Sur une échelle de 0 à 10, à combien est-ce que tu situes aujourd'hui ton niveau de mauvais perfectionnisme, celui qui te plombe ? ....../10

J'ARRÊTE D'ÊTRE PARFAITE !

JOUR 16

Besoin d'amour

« Pourquoi je vis, pourquoi je meurs ? Pourquoi je ris, pourquoi je pleure ? », dit Balavoine dans sa chanson *SOS d'un Terrien en détresse*. C'est quoi le sens de la vie, le but ultime ? Qu'est-ce qui fait qu'on aura l'impression d'avoir réussi notre vie à la fin ? Les perfectionnistes sont des personnes qui se posent souvent un tas de questions existentielles et qui trouvent toujours quelque chose à redire aux réponses qu'ils trouvent. Ce sont en général des gens curieux, en quête de spiritualité, ayant soif d'apprendre et qui ne sont jamais rassasiés, jamais satisfaits.

> *« Le perfectionniste est l'homme qui a, non pas une solution pour chaque problème, mais un problème pour chaque solution. »*
>
> **André Maurois**

Je prends conscience de mon besoin d'amour

Si tu prends le temps de te poser et de penser réellement à l'énergie démesurée qui peut te faire tenir debout quand bien même tu n'as plus rien dans les jambes, ou à cette force qui peut te garder assise quand à l'intérieur tu n'as que l'envie de te lever pour hurler : c'est toujours l'amour. L'amour est toujours la partie immergée de l'iceberg. Que tu vives ou que tu meurs, symboliquement parlant, c'est toujours d'amour. Tu te sens (re) vivre quand tu reçois un bouquet de fleurs inattendu, et tu te sens dépérir quand tu ne reçois pas ce satané message. Tu te sens respirer quand tu entends un « merci », et tu te consumes quand pour la énième fois tu ramasses des chaussettes qui traînent. Que tu croie vivre du bonheur de bercer un enfant ou que tu croie mourir d'une dispute conjugale, ce qui te touche, te blesse, te réconforte ou t'apaise, c'est toujours l'amour. Cet amour qui est comme un fil conducteur, une ligne de vie, le truc sans quoi tu n'es rien. Toutes les raisons de trouver son monde laid et triste mènent à notre besoin d'amour. Pourtant, on crie, on râle, on pleure, on insulte et on trouve toutes sortes d'excuses pour ne pas dire ce qui nous gêne vraiment : le besoin d'amour.

Comme chaque cœur qui bat a besoin d'eau, a besoin d'air, nous avons toutes et tous besoin d'amour, et il est temps de le reconnaître. Si l'on considère que le besoin de perfectionnisme est représenté par la partie émergée de l'iceberg, le besoin d'amour, lui, correspond à la partie immergée.

Le piège de la dramatisation

Les perfectionnistes sont des personnes difficiles à aimer, d'abord parce qu'elles manquent cruellement d'estime de soi. Leur idéal d'elles-mêmes, du couple, de la famille, de l'amitié, du travail et du monde en général est si élevé qu'elles sont épuisées et deviennent épuisantes. Pour elles, l'équation marche à tous les coups : imparfait = fin du monde. Leur mode de pensée est souvent enclenché sur le scénario catastrophe. Par exemple :

- je me suis disputée avec ma moitié = on va forcément se séparer ;
- j'ai élevé la voix sur mon fils = c'est sûr, ça va créer une blessure émotionnelle si grande qu'il fera une dépression à 20 ans, tout ça à cause de moi !
- j'ai cramé un gâteau = et voilà, je suis une mauvaise cuisinière, il faut vraiment que j'arrête de tenter des recettes car je pourrais finir par faire brûler la maison ;
- je n'ai pas eu d'orgasme = on devrait consulter, on a un gros problème, je ne suis pas normale ;
- etc.

Ça te parle ?

Pour sortir de ce piège et retrouver le chemin de l'amour, le perfectionniste a besoin de différencier les faits de l'histoire qu'il se raconte. Je t'explique : admettons que tu fasses une taille 44 : c'est un fait, tout le monde peut l'observer en regardant l'étiquette de ton pantalon. Par

J'ARRÊTE D'ÊTRE PARFAITE !

contre, l'histoire que tu te racontes, c'est quand tu dis : « Je suis moche, personne ne voudra jamais de moi, donc si un homme me dit que je suis belle, c'est juste pour me faire plaisir et sans doute pas parce qu'il le pense ». Tu me suis ? C'est aussi une véritable technique très simple et rapide à mettre en place pour sortir de la comparaison.

« Celui qui aime n'a pas besoin de comparer : quand la comparaison entre par la porte, l'amour sort par la fenêtre. »

Yahya Haqqī

Autocoaching

Déjoue la dramatisation dans ton quotidien !

Je te propose de repenser à aujourd'hui ou à cette semaine, et de remplir le tableau ci-dessous avec des situations concrètes de ton quotidien. Ainsi tu vas mettre en évidence, d'une part, les faits observables par tous, et d'autre part, les histoires hollywoodiennes que tu as l'habitude de te raconter.

Les faits observables	L'histoire que tu te racontes
Exemple : Mon chéri ne m'a pas appelée.	Je ne suis pas assez bien pour lui.
Je ne suis pas maquillée.	Je suis monstrueuse.

Les perfectionnistes peuvent passer pour des personnes avides de compliments, rendant les relations difficiles, parce que non seulement elles sont focalisées sur les problèmes et les détails à améliorer, mais en plus elles en rajoutent avec leurs scénarios catastrophes. Ce genre d'attitude fait monter le stress et baisser la motivation, pour soi comme pour son entourage. C'est alors que la peur de mal faire intervient, et les perfectionnistes excellent alors dans l'art de remettre au lendemain ou de se priver de nouvelles opportunités. Pression, stress, fatigue, doutes et indécisions font que l'amour et le bonheur sont remis à plus tard.

Si tu te reconnais, c'est que tu as besoin de comprendre que le bonheur est là, maintenant, aujourd'hui, sous tes yeux. À l'instant même où tant de choses sont imparfaites, que les miettes traînent sous la table, que la chaise de la chambre se prend pour une penderie, que ton gamin mange les croquettes du chat et que ton ado te prend pour sa « boniche ». Il est possible d'arrêter de viser un idéal en apprenant à aimer le chemin, plutôt que l'arrivée. Comme le dit le brillant écrivain anglais Charles Caleb Colton : « Le moment présent a un avantage sur tous les autres : il nous appartient. »

Pour cela, il est important que tu répondes à tes besoins, et à ton besoin d'amour en priorité. Et si la première personne à pouvoir prendre soin de ce besoin d'amour c'était toi-même ? Et si l'amour que l'on reçoit des autres n'était que le fruit d'un amour qui prend d'abord racine en soi ? Et si la réponse ne venait pas de l'extérieur mais de l'intérieur ?

Je m'aime, donc je suis

On est responsable de réchauffer son cœur. Rien de plus terrible que de sentir la pression de devoir combler *tous* les manques d'une voisine, d'une amie, d'une sœur, d'une mère, qui fonde *tous* ses espoirs en toi, n'est-ce pas ? Quand on rend les autres responsables de notre propre bien-être, on se réserve bien des frustrations, des déceptions et des incompréhensions. On devient esclave de ce qui était censé nous donner des ailes. On se nourrit seulement de la cerise au lieu de s'attaquer au gâteau. On dépend du regard de l'autre dont on fait son dieu. Pire, quand l'être aimé nous manque, on se demande finalement pourquoi on vit.

Quel est le risque de cette quête de reconnaissance ?

Simplement de s'oublier soi-même, en faire des tonnes pour être au centre de l'attention, être comme un puits sans fond, pomper toutes les ressources de l'entourage, enfin perdre ceux qui comptent le plus, agacés par l'insatisfaction chronique et les allures de diva. Pour le perfectionniste, le danger est de sombrer dans un grand sentiment de tristesse et de vide, conduisant à la dépression, au burn-out, à la confusion entre le problème et soi-même, jusqu'à être convaincu d'être une erreur de la nature et avoir envie de mourir. Pas très réjouissant...

Comment se détacher du regard de l'autre pour ne pas en être victime ?

Se détacher du regard de l'autre suppose de prendre conscience de ses propres compétences sans que le monde extérieur vienne le confirmer ou le démentir. C'est apprendre à reconnaître par soi-même ce que l'on juge bon et agréable ou pas, sans penser que les autres (les « grands ») savent mieux. J'appelle cela « briser le mur de l'infantilisme ».

Alors, choisis dès maintenant de t'aimer avec tes manques et tes ratés. Sinon, qui le fera, quand tes enfants seront ingrats, ton conjoint absent, tes amies distantes et tes parents défaillants ?

L'amour supporte tout, quand bien même on s'en offre un peu. La vie n'épargne personne : abandon, rejet, trahison, humiliation, injustice… Tous les coups sont permis pour nous faire abandonner le combat de l'amour. Alors comment s'aimer ? Grâce aux cinq langages de l'amour mis en évidence par Gary Chapman[1], tu peux répondre à ce besoin de différentes manières :

- t'accorder un cadeau (un bijou, une tenue, un muffin, un bouquet, un parfum…) ;
- te donner du temps de qualité (une balade, un ciné, une manucure, un café dans le calme…) ;
- entretenir un langage intérieur valorisant (« Je crois en toi », « Tu es capable », « Tu n'as pas besoin d'être parfaite pour être une bonne personne »…) ;
- te rendre service (donc savoir dire non à quelqu'un…) ;
- être à l'écoute de ton corps (massage, danse, sport…).

La qualité d'amour que l'on offre dépend de celle que l'on se donne. Comment imaginer donner à quelqu'un ce qui nous manque ?

Je respecte mes besoins fondamentaux

Quand on comprend le principe de devoir répondre à ses besoins, on peut commencer par l'amour. Mais la frustration peut provenir d'un autre manque. D'après l'infirmière américaine Virginia Henderson, il existe 14 besoins fondamentaux.

1. Auteur de l'ouvrage *Les Langages de l'amour*, Farel Éditions, 2015.

Autocoaching

Quels sont tes besoins fondamentaux ?

Je te propose de cocher le besoin qui est malmené dans ton quotidien :

- ❑ **Besoin de respirer.**
- ❑ **Besoin de boire et de manger.**
- ❑ **Besoin d'éliminer.**
- ❑ **Besoin de se mouvoir librement.**
- ❑ **Besoin de dormir et de se reposer.**
- ❑ **Besoin de se vêtir et de se dévêtir.**
- ❑ **Besoin d'une fourchette de températures raisonnable pour le corps.**
- ❑ **Besoin d'être propre.**
- ❑ **Besoin d'éviter les dangers.**
- ❑ **Besoin de communiquer.**
- ❑ **Besoin d'agir selon ses valeurs et ses croyances.**
- ❑ **Besoin d'activité en vue de se réaliser.**
- ❑ **Besoin de se divertir.**
- ❑ **Besoin d'apprendre.**

En lisant ce tableau, j'ai compris pourquoi à la naissance de ma seconde fille j'étais frustrée dès le réveil : je savais que j'avais une chance sur deux de pouvoir prendre une douche après 12 h 00, et cela me rendait folle. J'avais besoin de me sentir propre pour donner le meilleur à ma famille. Donc pour respecter mes limites, je devais répondre à ce besoin en mettant en place une nouvelle stratégie. En communiquant avec mon mari, nous avons trouvé ce qui pouvait convenir à tout le monde dans notre organisation. Aussi, pour répondre au besoin de me mouvoir librement et de récupérer un peu d'autonomie, j'ai fait garder ma fille aînée quelques heures chaque semaine par une assistante maternelle, alors que j'étais en congé parental *(le scandale !)*.

Ensuite, j'ai commencé à dire « non » à des personnes qui me demandaient de leur rendre service, quand je savais pertinemment que je n'aurais pas les ressources pour gérer leur demande ou les conséquences, et j'ai commencé à *me* rendre service.

J'ai répondu à mon besoin d'apprendre en arrêtant de regarder la TV pour passer du temps à lire, et je me suis offert chaque jour dix minutes où je ne répondais à aucun autre besoin qu'aux miens.

J'ARRÊTE D'ÊTRE PARFAITE !

Enfin, on a planifié avec mon mari un week-end par trimestre où je pourrai partir seule de la maison deux jours avec pour unique mission de me ressourcer. Il en a aussi profité pour poser ses week-ends *(pas fou !)*. Enfin, j'ai réalisé que je ne pouvais pas être sur tous les fronts, et je me suis fixé seulement un objectif par jour.

> *« Il faut savoir prendre son temps, ralentir, suivre ses instincts et goûter la sensualité au quotidien. C'est l'essence même de la vérité. »*
>
> **Calvin Klein**

À l'origine de la psychologie humaniste, Abraham Maslow a aussi une théorie sur les besoins de l'être humain qu'il hiérarchise sous forme de pyramide. D'après lui, on ne pourrait pas passer à « l'étage » supérieur sans avoir consolidé sa fondation En lisant de bas en haut, cela se présente comme suit :

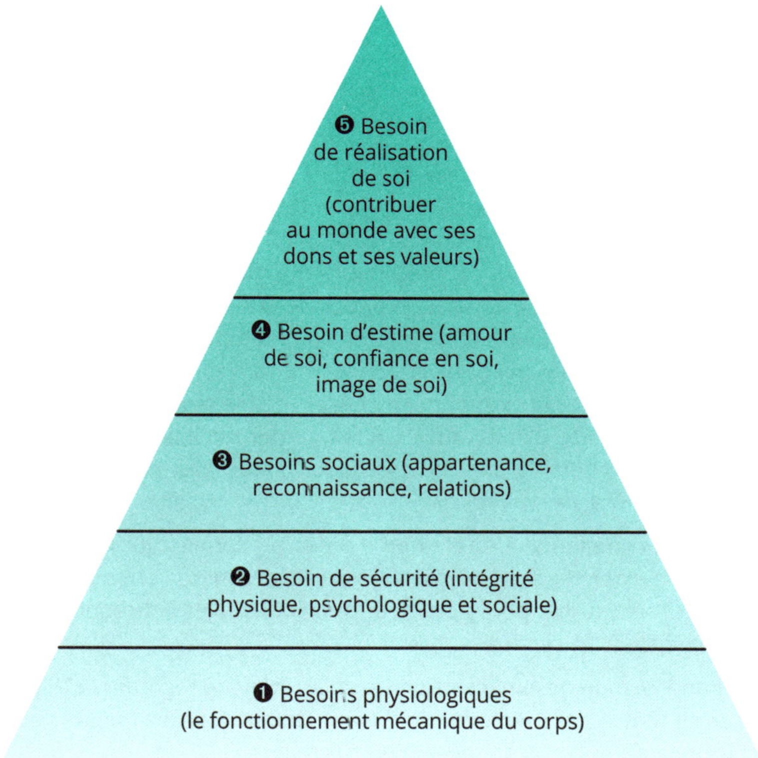

Certains critiques préfèrent envisager ces besoins comme une dynamique circulaire, où chacun d'eux est interconnecté, plutôt qu'un modèle hiérarchique.

Ce qui est certain, c'est que la réponse à nos besoins a une conséquence directe sur le dépassement de nos limites ou pas. C'est à la racine de nos frustrations et de l'envie d'avoir tout sous contrôle.

Autocoaching

- **Dans quelle mesure penses-tu que le perfectionnisme fait de toi une personne difficile à aimer ?**
- **Quelle stratégie peux-tu mettre en place pour mieux apprécier ton présent et ce qui s'offre à toi ?**
- **Qu'est-ce qui n'est pas comblé aujourd'hui dans ton quotidien ?**
- **Depuis quand n'as-tu pas répondu toi-même à ton besoin d'amour ?**

La clé est véritablement de se reconnecter à la joie et de se concentrer sur le plaisir plutôt que sur la performance et le résultat. Reconnaître ses accomplissements et prendre la responsabilité de son bonheur et de ses manques, en sachant que la réponse vient de l'intérieur, et non de l'extérieur.

Passe à l'action !

Décide de faire chaque jour une petite chose où tu ne réponds qu'à ton besoin profond d'amour (même si cela équivaut à porter un casque antibruit dix minutes ou à prendre trois grandes et profondes respirations pieds nus dans l'herbe). Un moment où tu prends soin de ton enfant intérieur pour qu'il aille bien et qu'il n'ait pas besoin de faire son « bébé roi » ou sa diva.

Sur une échelle de 0 à 10, à combien est-ce que tu situes aujourd'hui ton niveau de mauvais perfectionnisme, celui qui te plombe ? ....../10

J'ARRÊTE D'ÊTRE PARFAITE !

JOUR 17
Histoires de famille

Comme la plupart des traits de personnalité, le perfectionnisme présente généralement un caractère familial qui se transmet de génération en génération.

De manière directe, il se pourrait que les parents qui font preuve d'un style autoritaire combiné à un amour conditionnel (voir Jour 18 « Je m'aime vraiment ») contribuent au développement du perfectionnisme chez leurs enfants. Indirectement, il se peut que le perfectionnisme soit un héritage de notre évolution passée, avec, depuis les origines, des aïeuls qui n'ont eu de cesse d'inventer de meilleurs outils et de chercher à se perfectionner. Parce que n'oublions pas qu'à une époque le perfectionnement pouvait changer les conditions de survie !

Le perfectionnisme est-il une histoire de famille ? Qui dans ton arbre généalogique semble être susceptible de t'avoir transmis « la chose » ?

Si tu vas consulter un médecin pour un problème d'asthme, d'eczéma ou d'allergie par exemple, on va d'abord te poser des questions sur la santé de tes parents et de tes grands-parents avant de s'intéresser à toi.

Tu connais l'expression « la pomme ne tombe jamais très loin de l'arbre » ou encore « les chiens ne font pas des chats » ?

C'est peut-être difficile à entendre parce que la plupart des gens ne veulent surtout pas ressembler à leurs parents, mais si tu veux apprendre à te connaître, te comprendre et t'aimer avec tes imperfections, un très bon moyen est de faire une petite enquête dans ta généalogie pour observer ton héritage.

Quelle est mon histoire ?

> « À quoi ça sert d'oublier ? Ça ne règle rien. Le passé peut aider à comprendre le présent. À se connaître aussi. »
>
> **Danielle Dubé**

Dans mes ateliers, j'interroge régulièrement des femmes sur leur histoire familiale, et 9 fois sur 10 elles me parlent de leur parcours postnatal. Et avant alors, ça ne compte pas ?

Je ne vais pas te faire un cours de psychogénéalogie, mais quelques notions vont déjà t'éclairer. C'est avec Anne Ancelin-Schützenberger dans son livre *Aïe, mes aïeux !*[2] que le terme est apparu. Que cela nous convienne ou pas, nous avons des liens visibles (intergénérationnels) et invisibles (transgénérationnels) avec notre famille. Notre venue au monde a fait l'objet de nombreuses attentes de nos aînés. Sans en avoir conscience, nous sommes interdépendants d'un système, et tout ce qui affecte l'un se transmet à la génération suivante. Ainsi, nous pouvons vivre emprisonnés dans un programme psychique avec tout un tas de boulets à traîner (peur de l'échec, manque de confiance en soi, croyances limitantes…), alors qu'ils ne nous appartiennent même pas ! On appelle cela « l'approche systémique ».

Pourquoi les anciennes générations désirent-elles tant des enfants et petits-enfants parfaits ?

Parce que l'on confond perfection et bonheur. Mais faut-il être parfait pour être heureux ? L'un des facteurs les plus importants qui nous empêchent de réaliser nos rêves est justement ce mythe de la perfection. Une vie parfaite, avec un job parfait, dans une maison parfaite, avec un conjoint parfait, bref une existence parfaite et lisse, est en réalité ennuyante à mourir. Le bonheur se crée des contraintes et des limites que nous arrivons à dépasser. Dans le cas contraire, qu'y aurait-il à fêter, célébrer, sublimer ? Le bonheur ne se trouve pas forcément dans le bien rangé, bien payé, bien casé. Et quand on le comprend, encore faut-il avoir le courage de lâcher l'approbation et la reconnaissance de sa famille pour vivre sa propre définition du bonheur.

2. Desclée De Brouwer, 2015.

Accepter de ne pas dépendre des plans et des projections familiales est aussi difficile que de demander à un drogué de lâcher son fournisseur. Il est certain que cela est beaucoup plus confortable à court terme de correspondre aux attentes de son milieu, de sa culture, de son clan. À l'inverse, renoncer à l'image de la petite fille « parfaite » pour oser être soi-même demande de fortifier son estime personnelle. Cette image erronée du bonheur affecte les comportements et toutes les relations affectives, telle que la vision du couple, de génération en génération. Derrière cette mentalité se cache la croyance qu'aimer, c'est souffrir.

Dès lors, il n'y a que deux choix : rester névrotiquement agrippé aux attentes des (grands-) parents pris eux-mêmes dans une quête de perfection insatisfaite, ou résister au chantage affectif et comprendre que le bonheur se trouve ailleurs que dans la perfection.

Tu n'es pas coupable de ce qui t'a précédé, mais tu es responsable de ce que tu en fais aujourd'hui. L'enquête transgénérationnelle aide à repousser ses limites et libère en révélant des non-dits, des secrets et des zones d'ombre. Rétablir un lien avec le passé est une occasion de s'autoriser à aller de l'avant.

Le poids de l'héritage familial mis en lumière permet de mieux comprendre sa propre histoire avec ses échecs, ses frustrations, ses maux, ses failles et ses manques. Surtout, c'est l'occasion de se libérer de liens inutiles pour éviter de répéter des schémas familiaux.

Je fais mon génosociogramme

L'outil pour investir ton histoire généalogique est de faire ton génosociogramme (ou génogramme). Il permet de saisir d'un coup d'œil le passé et le présent de ta famille sur les quatre dernières générations. En bref, c'est la variante XXL de ton arbre généalogique qui compile de nombreuses informations : prénoms, dates, métiers, accidents, maladies, faits, etc.

Tu te demandes encore à quoi ça sert ?

Quand j'ai commencé cette enquête, j'ai pu :

- observer des similitudes entre les liens conflictuels dans ma lignée maternelle d'une part et paternelle d'autre part ;
- remarquer la récurrence de certains chiffres ;

- comprendre pourquoi mon grand-père porte toujours un saint Christophe autour du cou ;
- réaliser que toutes les femmes de ma lignée maternelle avaient perdu au moins un enfant ;
- constater que je faisais partie d'une lignée d'hommes et de femmes partis de rien ;
- comprendre mes propres valeurs par rapport au travail, à l'argent et aux relations.

Partante pour faire le tien ?

Officiellement, les éléments sont représentés par des codes graphiques. Mais rien ne t'empêche d'utiliser aussi tes propres codes. À titre d'exemple, tu peux taper « génosociogramme » sur ton moteur de recherche préféré pour en visualiser quelques-uns.

Pour ce qui est des codes, tu peux utiliser :
- un rond pour les femmes, un carré pour les hommes ;
- un triangle pour les sexes non connus (avortement, fausse couche) ;
- un trait simple pour l'union libre entre deux personnes ;
- un trait double pour un mariage ;
- un trait cassé par une oblique pour les divorces ;
- une croix quand la personne est décédée ;
- des chiffres qui indiquent l'ordre d'une fratrie (enfants absents et décédés compris).

L'idée est que tu recueilles un maximum d'informations que tu pourras symboliser par la suite avec ta propre légende. Les éléments importants sont : noms, prénoms, dates (conception, naissance, décès, mariage, divorce, suicide, avortement), situation sociale (niveaux d'étude, métiers, faillites), passions, maladies, accidents…

En fonction de ta famille, le génosociogramme peut vite prendre beaucoup de place. Donc pour gagner de l'espace, tu peux aussi utiliser des abréviations pour nommer les liens de parenté :
- M : mère ;
- P : père ;
- GM : grand-mère ;
- GP : grand-père ;
- AGM : arrière-grand-mère ;
- AGP : arrière-grand-père ;
- Ma : marraine ;
- Pa : parrain ;
- Etc.

Aussi, je te conseille une grande feuille, un crayon de papier et une gomme.

À la fin tu pourras utiliser un code couleur : rouge pour colorer les liens négatifs/nocifs, et vert pour les liens positifs/heureux.

> *« Choisir, c'est renoncer. »*
>
> **André Gide**

En quoi faire ton génosociogramme peut-il t'aider à mieux t'aimer et relâcher tes exigences ? Cet outil peut t'amener à réaliser que ton héritage comporte une transmission de rejet, de déni, d'abandon, d'injustice, de culpabilité, de frustration, de manque de confiance en soi, de contrôle permanent, de féminité niée, de perfectionnisme, etc. À ce moment-là, pour apaiser ces souffrances transmises de génération en génération, tu peux écrire une lettre fictive à l'un des membres de ta famille. Si tu ressens le besoin d'évacuer des émotions, des pensées ou des non-dits familiaux, tu pourras également dessiner, imager ou symboliser ce qui se passe à l'intérieur de toi.

Choisir de t'aimer et de poursuivre tes rêves implique peut-être que tu renonces à renvoyer toujours l'image satisfaisante qui valorise les attentes de ta famille. Autorise-toi à jouer ton rôle, pas celui d'une autre. Regarde la vie avec tes propres yeux. Si tu réalises que tu es liée à une personne de ton génosociogramme, comme si tu payais des dettes qui appartiennent à cet aïeul, tu peux couper ce lien en disant : « Je renvoie à cette personne ... (la peur de l'échec par exemple) et je récupère ... (la paix d'être moi-même par exemple). »

> *« Si je devais faire un cadeau à la génération suivante, je lui apprendrais à ne pas se prendre au sérieux. »*
>
> **Charles Monroe Schulz**

Autocoaching

- **Forte de ton génosociogramme, quelles sont les répétitions que tu observes (dates, âges, prénoms, grossesses, fausses couches, mariages, divorces, maladies, accidents, promotions, faillites, échecs, métiers, nombre de garçons/filles...) ?**
- **Quelles sont les zones d'ombre dans ta généalogie ?**
- **Y a-t-il d'heureuses alliances ou des mésalliances qui se répètent ?**
- **Qu'est-ce qui ne fonctionne pas bien dans ton quotidien et depuis combien de temps ?**
- **En quoi est-ce que tu perpétues une souffrance de ton arbre généalogique, ou au contraire en guéris les cicatrices ?**
- **Au regard de ton histoire, qu'est-ce que tu ressens et comprends mieux de ton rapport au travail, à l'argent, aux relations ?**
- **Qu'est-ce que tu aimerais transmettre aux générations futures ?**

Abandonner « ce qui devrait être » pour « ce qui est » demande toujours un courage considérable, surtout pour les personnes très attachées à la morale ou à la religion. Le perfectionnisme appliqué à soi-même est une chose, mais appliqué aux autres, il crée forcément du ressentiment. C'est pour cela que le rôle des parents est de laisser leurs enfants libres d'être eux-mêmes, sinon la force qui leur sera nécessaire pour briser le lien du perfectionnisme transgénérationnel entraînera inévitablement une blessure douloureuse.

Mènes-tu aujourd'hui la vie qui te ressemble ou bien es-tu la version robotisée commandée sur mesure par tes aïeuls ?

Passe à l'action !

Dis ces trois phrases à voix haute en fermant les yeux et avec l'intention d'ouvrir une nouvelle voie pour les générations futures :

- « Aujourd'hui, je choisis de vivre ma vie. »
- « Je renonce au mensonge selon lequel je dois rendre des comptes à ma famille pour être parfaite à leurs yeux. »
- « Je m'autorise à être telle que je suis. »

> *« J'accepte la grande aventure d'être moi. »*
>
> **Simone de Beauvoir**

Sur une échelle de 0 à 10, à combien est-ce que tu situes aujourd'hui ton niveau de mauvais perfectionnisme, celui qui te plombe ? ....../10

JOUR 18
Je m'aime vraiment

Le véritable amour ne dépend pas des circonstances parfaites, mais dure, peu importent les imperfections. C'est un amour sans conditions, qui ne se cache pas derrière des « si ». Te souviens-tu d'avoir entendu ou dit : « *Si* tu m'aimes, termine ton assiette », « *Si* tu m'aimes, fais ça pour moi » ? L'amour conditionnel, quant à lui, se retire quand on ne répond pas à ses attentes.

Je m'aime... sans conditions

Les perfectionnistes sont des personnes qui pensent ne pas mériter l'amour. Elles comprennent le concept d'aimer fort, mais pas d'aimer toujours. Elles ont besoin d'entendre qu'elles sont aimables quoi qu'il arrive. Peut-être que tu as fait un deal avec toi-même, en te disant que tu t'aimeras quand tu auras 5 kg de moins, quand tu gagneras le double de ton salaire actuel, quand tu seras en couple ou que tu auras fait de la chirurgie esthétique. Laisse-moi te dire que si tu n'apprends pas à t'aimer aujourd'hui avec tes imperfections, il n'y a aucune raison pour que tu t'aimes plus tard quand tu auras certes atteint quelques-unes de tes exigences, mais que tu seras tout aussi imparfaite. C'est maintenant que tu dois dire oui à l'amour !

Certainement qu'un jour, on t'a fait croire que tu devais réaliser des choses pour être aimée. Au départ, c'était pour que tu rapportes des bonnes notes, ensuite pour que tu termines des études prestigieuses. Et tu as grandi avec l'idée que tu devais être parfaite pour mériter l'amour. Je t'en prie, renonce à ce mensonge ! En 2017, parmi plus de 7 milliards de personnes dans le monde, il n'y a jamais eu quelqu'un comme toi avant toi et il n'y aura jamais plus personne comme toi après toi. Tu es unique, personne ne peut t'égaler. Tu es ni échangeable, ni remboursable. Tu es incomparable ! Quand tu comprends ça, alors tu n'as plus peur qu'on prenne ta place ou de ne pas mériter une place, parce que plus personne ne peut te faire de l'ombre. Tu es inimitable et sans rivales ! Tu n'as pas besoin de tenter de faire mieux que ton frère ou ta sœur, ou encore de prouver ta valeur à quiconque. Tu es telle que tu es, parfaitement imparfaite.

> *« Perfection et imperfection. Si les deux peuvent être beauté, seule l'imperfection peut faire le charme. »*
>
> **Angélique Planchette**

C'était quand la dernière fois que tu t'es dit « Je t'aime » ?
Est-ce arrivé au moins une fois ? Tu te demandes si j'ai craqué et tu trouves ça complètement orgueilleux ? Laisse-moi te dire quelque chose qui risque de changer ta façon de penser. *(Et maintenant, je sais que je ne vais pas forcément être la personne que tu aimes le plus dans la vie, mais ce n'est pas grave…)* Qui es-tu, toi, pour juger que ce que tu fais n'est pas à la hauteur et mérite la réclusion à perpétuité ? Es-tu une sorte de « Juge des nations », un petit dieu qui détient la vérité sur ce qui est « bien » et « pas bien » ? L'orgueil n'est pas d'oser s'aimer avec ses imperfections, mais de (se) retirer l'amour au nom de ses propres convictions.

Il est temps d'arrêter l'autoflagellation pratiquée au nom de l'amour. Car c'est ce que tu fais quand tu te regardes dans le miroir en te traitant de… je ne sais quel nom tu as bien pu inventer. C'est ce que tu fais quand tu décides que tu ferais mieux de vivre cachée à cause du chiffre indiqué par ta balance. Ce n'est pas ça le véritable amour. Ton rôle n'est pas de trancher si tu mérites l'amour ou non, mais de t'aimer toi-même pour pouvoir distribuer cet amour autour de toi.

Quand on souhaite faire redescendre la pression, on découvre qu'il y a sur le trône de son cœur un juge impitoyable. « En avant, marche ou crève ! » hurle-t-il. La sentence est toujours la même : « Coupable, incapable, imposture ! ». C'est pourtant pas si compliqué : toi tu voudrais un mari du tonnerre, une maison ordonnée, des repas équilibrés, une taille fine, des vacances de rêve, des enfants exemplaires, et disons le beurre, l'argent du beurre et le crémier. Bref, la base…

Malheureusement, mettre la barre si haut est le meilleur moyen de se transformer en femme jalouse, amie blasée, maman qui crie, épouse crevée. Je vais te donner un secret pour virer ton juge intérieur : ce tyran n'a que le pouvoir que tu lui donnes. Personne ne peut te faire sentir coupable, si tu ne te juges pas déjà toi-même coupable. Personne ne peut te prouver que tu n'es pas aimable, si tu ne te détestes pas déjà toi-même.

> *« Personne ne peut te faire sentir inférieure sans ton consentement. »*
>
> **Eleanor Roosevelt**

Lors de mes coachings, j'ai entendu plusieurs témoignages qui démontrent ce principe.

BLA BLA

Amandine, 29 ans

« Je déteste quand ma mère me demande : "Tu es sûre de vouloir te resservir ?" En général, ça part en dispute parce que j'ai l'impression qu'elle me dit : "Tu n'es pas déjà assez grosse comme ça ?!" »

Ouiza, 32 ans

« Alors que je présentais mes excuses à mon directeur, il m'a dit : "Ce n'est pas sincère, je ne les accepte pas." De mon côté, j'étais certaine de mes sentiments, alors j'étais en paix. »

Mélanie, 37 ans

« Après une violente dispute, j'ai écrit un courrier pour demander pardon à ma sœur. Elle a préféré continuer à me juger coupable. De mon côté, j'avais fait ma part, j'avais pris mes responsabilités, le reste ne m'appartenait plus. »

Laura, 27 ans

« Je préfère ne pas aller à la piscine et j'ai arrêté de mettre des shorts, sinon j'ai l'impression que tout le monde me regarde. »

Les mots magiques pour aller mieux

En vérité, les femmes ne sont pas malheureuses d'être imparfaites, mais de vouloir être parfaites dans un monde qui ne l'est pas. Il y a trois mots magiques qui ont le pouvoir de désamorcer tous les mécanismes qui mettent en péril l'amour. Et ces mots, tu les connais. Tu les utilises très souvent pour les autres, mais tu les oublies pour toi-même. Ils sont à la base des apprentissages du langage pour les jeunes enfants. Ces mots sont à la fois les plus simples du monde et porteurs d'un amour extravagant. Il s'agit de « merci », « pardon » et « je t'aime ». Voilà les trois mots que tu as besoin de te répéter quotidiennement pour nourrir ton âme d'un amour véritable. Ces mots sont d'abord pour toi-même : « Merci pour ton travail », « Pardon de t'avoir si mal parlé », « Je t'aime quoi qu'il arrive ». Mais ils sont aussi pour tes proches, et ils peuvent être adressés à l'Univers, à la Vie, à Dieu, ou peu importe comment tu l'appelles. Ces trois mots sont aussi ton armure protectrice contre tous ceux qui voudraient te faire croire que tu dois être parfaite pour mériter l'amour.

Voici quelques situations types dans lesquelles ces trois mots s'avèrent très utiles et démontrent leur force :

- Tu es assise dans un transport en commun, il fait 35 degrés, tu as mis un short. Un mec te dit : « T'as de trop grosses cuisses pour être en short ! » Tu peux répondre : « *Merci* de prouver que personne n'est parfait. »
- Tu es chez ta grand-mère pour un repas de famille, quelqu'un se permet de faire remarquer à tout le monde que tu es sans emploi. Tu peux répondre : « Je sais que tu te préoccupes de moi, moi aussi *je t'aime*. »
- Tu es chez toi, ta coloc te fait remarquer que tu n'as pas fait ton tour de vaisselle. Tu peux répondre : « *Pardon*, je prends les deux prochains tours. »

Tu vois, ces trois mots communiquent l'amour sans mettre d'un côté quelqu'un sur un piédestal et de l'autre quelqu'un plus bas que terre. Ça équilibre la communication en laissant à chacun sa juste valeur et sa juste place. C'est ça le véritable amour.

> *« L'amour véritable considère l'être aimé comme égal et libre. »*
>
> **Edgar Morin**

Autocoaching

- Parmi les témoignages de mes clientes, lequel fait écho à ton vécu ?
- Pourquoi et pour qui est-ce si important d'être au top ?
- De quoi te juges-tu quand tu ne te sens pas à la hauteur ?
- Dans quelles situations est-il probable que tu attires le jugement des autres parce que tu te juges déjà toi-même ?
- Quelle stratégie vas-tu mettre en place pour arrêter l'autoflagellation ?

Les perfectionnistes sont constamment en train de se dire qu'ils ne méritent pas de récompense, de repos ou de satisfaction. Mais le véritable amour ne fonctionne pas au mérite, c'est pour ça qu'il est un formidable remède. Nous ne devrions pas attendre de mériter une nouvelle chance pour nous l'accorder. Le meilleur moyen de ramollir les exigences de son juge intérieur est d'utiliser l'antidote de la grâce dont je t'ai parlé précédemment. Fais la différence entre la culpabilité qui agit comme un poison et la remise en question constructive qui agit comme un anti-oxydant et libère. Les perfectionnistes sont constamment dans l'idée qu'ils doivent payer le prix de leurs erreurs plutôt que d'apprendre à les réparer. Pourquoi ? Simplement parce que leur vision binaire en « noir » ou « blanc » les empêche d'ouvrir les yeux sur une autre stratégie : celle de l'amour inconditionnel.

C'est à chacun de déclarer le niveau d'amour qu'il mérite : conditionnel ou inconditionnel. Préfères-tu vivre sous la loi ou sous la grâce ? Choisir la grâce n'est pas se donner l'opportunité de faire tout et n'importe quoi sans réfléchir aux conséquences. C'est ouvrir les yeux sur sa propre richesse intérieure et sa valeur inestimable. Et dans le quotidien, cela change tout. Au boulot par exemple ou pour se faire des amis, si tu portes le masque du perfectionnisme en te positionnant au-dessus de la norme, alors au moindre faux pas tu te sentiras redevable et coupable. Surtout, ces mêmes exigences seront reportées sur les autres. À l'inverse, en faisant tomber le masque de la perfection, on se présente à l'autre dans une énergie d'équilibre, en sachant que chacun est autant une opportunité pour l'autre.

J'ARRÊTE D'ÊTRE PARFAITE !

Passe à l'action !

Pour t'encourager à connaître ta valeur, je te propose de préparer une boîte d'amour dans laquelle tu pourras piocher chaque jour un nouveau Post-it coloré à emporter avec toi, sur lequel tu auras au préalable écrit ce que tu aurais besoin d'entendre un peu plus souvent.

Exemples : « Merci pour ton travail », « Tu es exceptionnelle », « Chaque jour avec toi est un cadeau », « Tu rends le monde meilleur », « Merci pour tes efforts », « J'aime tes yeux », « Tu es passionnante », « Tu es formidable », etc.

Sur une échelle de 0 à 10, à combien est-ce que tu situes aujourd'hui ton niveau de mauvais perfectionnisme, celui qui te plombe ? ....../10

JOUR 19
J'ai la liberté de choisir

Préfères-tu lorsqu'on t'impose un point de vue ou quand tu as le choix ?

Bien entendu, tu veux avoir le choix, on veut tous avoir le choix ! Les perfectionnistes ont le besoin compulsif de contrôler les choses, maîtriser un maximum pour éviter l'imprévu et les imperfections. Ils ont donc beaucoup de difficulté à se laisser imposer des points de vue. Le perfectionnisme crée des standards et il prive de la liberté de choisir sa vie et d'aimer la différence. On peut parler d'une robotisation qui ne donne pas d'autres choix que la perfection, en déconnectant la personne de l'amour inconditionnel et surtout de ce qui la rend unique.

Effectivement, dans une société qui bénéficie de l'héritage industriel, les entreprises n'ont pas seulement mis en place des protocoles en chaînes pour leurs produits, mais également pour la « matière » la plus importante de leurs succès : leurs salariés, c'est-à-dire l'humain. De sorte qu'oser l'authenticité et trouver son « moi véritable » est devenu un réel challenge.

En fait, j'ai le choix...

Pourquoi t'es-tu déjà retrouvée devant le miroir d'une cabine d'essayage à te traiter de « grosse vache » ou du moins à ne pas te trouver à la hauteur, et à penser qu'il y a décidément un truc qui cloche avec toi ?

Simplement parce que tu as été manipulée. Les industriels du textile et de la mode ont bien compris que cela coûte moins cher de fabriquer en masse des tenues pour des corps filiformes qui demandent un minimum de tissu. Alors plutôt que d'adapter leurs modèles aux femmes, ils ont fait en sorte que les femmes souhaitent toutes incarner le même corps de femme-enfant, en matraquant un modèle de beauté unique. Tu sens le piège de la copie conforme ?

Je suis tombée dans le panneau un paquet de fois, mais depuis que je vois clair dans ce stratagème, j'ai décidé d'avoir une consommation plus responsable et de reprendre la liberté d'être… moi !

Comment oser être soi-même dans un monde qui nous dicte faits et gestes, du vêtement à l'assiette, jusqu'à ce qui devrait se passer ou pas dans nos foyers ?

Simplement, quand la compassion ne vient pas de l'extérieur, elle peut venir de l'intérieur. On peut choisir la liberté de s'accorder des énièmes chances et de croire en soi, même quand le monde nous dit le contraire. C'est le docteur Kristin Neff de l'université du Texas, auteur du livre *S'aimer : Comment se réconcilier avec soi-même*[3], qui définit l'autocompassion comme « la capacité d'accueillir sa propre souffrance avec chaleur, ouverture et intérêt ». L'autocompassion résulte de trois leviers : échanger l'autoflagellation par de la compréhension envers soi-même, ensuite, sortir de l'isolement en prenant conscience qu'il y a forcément dans le monde d'autres personnes dans le même cas, et enfin, rester ancré dans le moment présent.

En 2017, on pourrait croire que les codes commencent tout doucement à changer. Et pourtant on retrouve déjà, dans les rayons enfants, des tee-shirts pour filles qui taillent plus petit que des tee-shirts pour garçons pour la même tranche d'âge. Et on devine en caisse des mères inquiètes d'habiller leurs princesses avec de si « grandes » tailles…

Sais-tu que la taille 42 de Marilyn Monroe correspond à notre actuel 46 ? Alors reprends ta liberté de choisir qui tu veux incarner, un être unique et incomparable. La véritable question concernant ton corps est celle de ta santé. D'ailleurs, c'est la même histoire pour l'épilation ou pour ton choix de contraception. Dans les zones du monde où il n'y a personne pour dire aux femmes *et* aux hommes que la féminité, c'est avoir un corps sans poils, bien réglé et sans acné, ce problème de comparaison et de standardisation n'existe pas.

> *« À toutes les filles qui se trouvent grosses parce qu'elles ne font pas du 34, vous êtes toutes belles, c'est la société qui est moche. »*
>
> **Marilyn Monroe**

3. Belfond, 2013.

Les perfectionnistes pensent souvent qu'elles n'ont pas le choix. Pour elles, c'est réussir… ou réussir ! Alors, jeunes adultes, elles préfèrent ne pas se présenter à un examen, n'osent pas aborder quelqu'un ou se marier, et, plus tard, ce sont des femmes qui n'osent pas vivre leurs rêves, pire, qui ne savent même pas qu'elles ont des rêves.

Peut-être que tu as oublié que tu avais le choix et qu'il est temps de reprendre la responsabilité de tes choix. La vie est pleine d'alternatives. Le perfectionnisme pousse à la croyance qu'il y a *la* « bonne » manière de voir, de faire ou d'être, et que toutes les autres sont mauvaises. Par exemple, cela donne la croyance qu'il y a une seule et bonne personne pour soi sur cette terre, et qu'il n'y a pas intérêt à la manquer si on ne veut pas finir vieille fille ou être une Marie-Francine.

Mais comment choisir… !?

Pour les perfectionnistes, c'est « ceci » *ou* « cela ». Si tu souhaites sortir de cette mentalité, j'aimerais te montrer qu'il y a « ceci » *et* « cela ». Avec des « ou », on reste dans un monde tranché sans options. Tandis qu'avec des « et », on réalise qu'il y a un champ des possibles et qu'on n'est pas obligé de faire comme tout le monde, mais simplement de faire un choix conscient et intentionnel.

Chaque choix a ses conséquences. Le perfectionniste a tendance à procrastiner, remettre ses choix à demain ou à décider en fonction des autres, pour ne pas déranger, être conforme, surtout rentrer dans les cases et être approuvé. Pourtant, tu es la seule personne qui vivra les conséquences de tes choix, alors c'est ce avec quoi tu es prête à vivre qui devrait guider tes choix.

Sortir du perfectionnisme implique de reprendre la responsabilité de sa vie et de son quotidien. Au début, quand on commence à faire ses propres choix sans attendre une validation extérieure, cela peut être perturbant. Tout à coup on se retrouve un peu comme une gamine perdue au milieu d'un supermarché qui ne sait pas quelle allée emprunter pour retrouver papa et maman. On en revient à se rendre compte que la mentalité du « et » véhicule moins de stress que la mentalité du « ou ». Il n'y a pas « un seul chemin, sinon c'est fini pour toute la vie, et c'est la catastrophe assurée ». Il y a plusieurs possibilités qui peuvent concourir à ton bien.

Le meilleur moyen de savoir si tu es OK avec un choix, c'est d'utiliser l'outil « 3 × 3 ».

Cela consiste à se poser les trois questions suivantes :
- Est-ce que dans trois semaines, je serai OK avec mon choix ?
- Est-ce que dans trois mois, je serai OK avec mon choix ?
- Est-ce que dans trois ans je serai OK avec mon choix ?

Si cet outil ne te suffit pas, il reste ces deux questions à envisager :
- Si, avec ce choix, c'est le pire qui arrive, est-ce que je suis OK avec ça et prête à prendre ce risque ?
- Est-ce qu'à l'heure du bilan de ma vie, je serai OK avec ce choix ?

Ensuite, demande-toi si tu es dans une énergie où tu te sens riche d'être soi. Faire un choix sous l'énergie du manque et de la frustration ne produit en général pas vraiment de bons résultats *(sauf quand c'est pour quitter une situation de danger bien entendu !)*. Par contre, prendre une décision avec une intention de semer pour récolter, cela change tout. Se sentir riche de soi-même, c'est avoir conscience de son pouvoir créateur, c'est savoir qu'un choix a des conséquences au-delà du présent et que l'on impacte sa vie tout en laissant aussi un héritage aux générations futures.

Quoi que l'on décide, cela produit toujours une semence qui va produire du fruit, qui va produire une récolte. La génération X (représentée par les personnes nées entre les années 1960 et 1980) était dans une énergie d'*avoir*. Avoir un mari, avoir des enfants, avoir une maison, avoir un travail, avoir une bonne situation, avoir du succès, avoir une retraite… Tandis que les générations suivantes, Y et Z, sont dans une énergie d'*être*. Être intelligente, être belle, être mince, être bien dans sa peau, être une bonne mère, être performante, être heureuse, être parfaite…

« Un homme est fait de choix et de circonstances. Personne n'a de pouvoir sur les circonstances mais chacun en a sur ses choix. »

Éric-Emmanuel Schmitt

Autocoaching

- Dans quelle mesure le choix de la perfection t'empêche-t-il de choisir l'amour au quotidien ?
- Quels sont tes rêves ?
- Si tu n'avais aucunes craintes, pas de « oui, mais », en quoi ta vie actuelle serait-elle différente ?
- En dépit des circonstances, qu'est-ce que tu choisis de vivre ?

Le choix de l'amour

Le choix de l'amour équivaut à regarder au-delà des imperfections et des circonstances. Non pas pour les ignorer, mais pour se (re)programmer en vue de solutions et prêter de bonnes intentions aux gens et à la vie en elle-même.

Tandis que le perfectionnisme exige un ciel radieux toute l'année, le choix de l'amour sait que le soleil brille toujours même caché derrière les nuages. Le perfectionnisme impose tandis que l'amour propose. Le premier est conditionnel, le second inconditionnel.

C'est de cet amour dont tu as besoin pour toi et ton entourage. Vivre au quotidien avec une perfectionniste peut être difficile pour l'entourage. Il est possible que tu aies le sentiment qu'Untel ou Unetelle devrait faire des efforts. La réalité, c'est qu'on change le monde en commençant par se changer soi-même. Et cela démarre en abandonnant le mythe de la perfection. C'est ton idéal de femme, d'homme et d'enfant qui te rend malheureuse. Alors c'est cet idéal qui doit être modifié avant de vouloir changer tout ton entourage.

> *« Vous ne pouvez résoudre un problème avec le même type de pensée qui a créé le problème. »*
>
> **Albert Einstein**

D'après la Société canadienne de psychologie, qui s'est particulièrement attachée à recenser les conséquences du perfectionnisme sous ses différents aspects, il existe un perfectionnisme axé sur autrui. En effet, les perfectionnistes sont souvent des bourreaux de travail incapables de se détendre, des personnes tellement désireuses de trouver en leurs collègues, leur partenaire de vie, leurs amis et leurs familles des gens parfaits, que cela peut devenir un enjeu de rester entourées et d'établir des relations durables avec les autres. De plus, les perfectionnistes ont tendance à être exceptionnellement sensibles aux reproches et à prendre la moindre remarque, regard ou lapsus comme la preuve d'une attaque personnelle. Conséquence ? Des problèmes relationnels et de communication, avec de l'insatisfaction sur le plan marital, sexuel, ainsi qu'un tempérament coléreux et irascible. Les perfectionnistes ont tendance à avoir de la difficulté avec la liberté de choisir. Eux-mêmes sont tellement dans la privation qu'ils motivent les autres avec des « tu dois » et des « tu devrais », comme s'il n'y avait que le bâton et la punition comme moteurs de réussite. En bref, sortir du perfectionnisme c'est se reconnecter à toutes les possibilités, les chemins et les innombrables choix de vie. C'est indispensable pour soi, mais aussi pour retrouver un rapport sain avec les autres et dans son couple.

Comment faire le choix de l'amour quand on est perfectionniste ?

Pour t'aider, je t'ai préparé une liste spéciale…

La check-list des 10 moyens de favoriser l'amour durable quand on est perfectionniste

- ❏ **Laisser de la place pour l'imprévu, le hasard, les surprises, l'imperfection.**
- ❏ **Donner raison à celui qui fait (même si ce n'est pas comme on voudrait !).**
- ❏ **(Se) donner le droit de tenter, se tromper, échouer, recommencer.**
- ❏ **Être focalisée sur les solutions, plutôt que sur les problèmes.**
- ❏ **Planifier du « rien » et du « kif ».**
- ❏ **Connaître ses propres limites et les respecter.**
- ❏ **Être attentive à ses besoins et prendre du temps pour y répondre.**
- ❏ **Se simplifier la vie et lâcher prise sur les détails.**
- ❏ **Changer les habitudes et oser casser la routine.**
- ❏ **Accepter de perdre du temps et que tout ne soit pas toujours optimal.**

Si tu es une perfectionniste « pure souche », tu as peut-être fini par conclure : « Je dis stop à la perfection pour de bon sans jamais revenir en arrière. » Oh là, doucement, voici le « tout » ou « rien » qui redébarque… Avoir le choix, c'est aussi trouver son équilibre entre être tantôt dans l'un et tantôt dans l'autre. Tout n'est pas à jeter à la poubelle avec le perfectionnisme. Ce n'est pas « soit je le suis », « soit je ne le suis pas ». Nous avons toujours les qualités de nos défauts et les défauts de nos qualités. Si tu es perfectionniste, c'est aussi grâce à cette façon de fonctionner que les gens savent qu'ils peuvent compter sur toi, que tu es sans doute une personne « qui en veut » comme on dit, pleine de qualités pour le travail et la persévérance. Mais avoir le choix, c'est se laisser la possibilité d'actionner intentionnellement, ou du moins plus consciemment, son côté perfectionniste pour ne pas en être victime. Et cela commence par oser (s')aimer en toutes circonstances.

Passe à l'action !

Remplace tes « Je t'aime fort » par des « Je t'aime toujours ». L'idée du « toujours » traverse le temps et les circonstances. Que ce soit pour toi-même, dans ton couple ou avec tes enfants, l'amour inconditionnel se moque de la perfection et des standards. C'est un amour qui aime « quand » et non pas « si ». Tu peux même détailler cet amour avec des exemples précis :

- « Je t'aime quand tu penses à moi et quand tu oublies. »
- « Je t'aime quand tu es beau/belle et quand ça n'a pas d'importance. »
- « Je t'aime quand tu cuisines et quand tu attends que je le fasse. »
- « Je t'aime quand tu es toi-même et quand tu fais semblant. »
- Etc.

Sur une échelle de 0 à 10, à combien est-ce que tu situes aujourd'hui ton niveau de mauvais perfectionnisme, celui qui te plombe ? ....../10

Et à combien évalues-tu le niveau de douleur du perfectionnisme dans ta vie avant la lecture de ce livre ? Et à la fin de la lecture ?

C'est le week-end !

J'ARRÊTE D'ÊTRE PARFAITE !

JOUR 20

Playlist pour enclencher le mode « amour »

La musique a le fabuleux pouvoir créateur d'accompagner nos émotions : peur, joie, tristesse, colère, dégoût... Rends-toi sur mon blog pour écouter la playlist qui t'aide à (t')aimer pour toujours.

https://jarretedetreparfaite.com/playlist-amour/

JOUR 21

Diplôme de « Recherche de l'amour »

(Je te laisse remplir ton diplôme et prendre conscience de l'engagement que tu prends envers toi-même en le recevant.)

Attribué à . . . .

Pour avoir suivi la totalité de la semaine

« Je choisis l'amour »

Sur la période du. au . . . .

Avec les félicitations du jury de « J'arrête d'être parfaite ».

Pour rappel, ce diplôme engage son titulaire à :

- (s')aimer toujours ;
- apprécier son présent ;
- être satisfait ;
- voir et trouver des solutions ;
- donner et recevoir des compliments ;
- laisser les scénarios catastrophes à Hollywood ;
- connaître et répondre à ses besoins ;
- être conscient de son histoire familiale ;
- arrêter l'autoflagellation ;
- se dire souvent « merci », « pardon », « je t'aime ».

Conclusion

Si tu ne devais retenir qu'une seule chose de ce livre, c'est que tu es une femme exceptionnelle que le monde a besoin de découvrir *avec* ses petits défauts. Nul besoin d'être parfaite pour être renversante, fascinante, époustouflante, inspirante et influente. « Si vous n'aimez pas vos imperfections, quelqu'un d'autre les aimera pour vous », comme disait la campagne publicitaire 2015 de Meetic. Quitte le standard des « gens bien comme il faut » et viens dans le monde des « vraies gens » en osant être toi-même ! Je te parle d'une attitude qui va bien au-delà des selfies sans maquillage et des soirées pizza assumées. Il s'agit non seulement de tolérer l'imperfection, mais d'exceller, de prendre du plaisir et d'aimer malgré elle. Je sais que les chemins tout tracés sont plus sécurisants, mais on risque de passer à côté de ces beaux paysages escarpés. Ceux que l'on découvre justement en s'autorisant à errer, en se perdant parfois pour mieux se retrouver ou faire une rencontre inattendue, en empruntant hors des sentiers battus de nouveaux trajets…

Tu es parfaite avec tes imperfections ! Et pour que tu t'en souviennes, j'ai créé une galerie de posters à télécharger (et à imprimer en format A4) sur mon site https://jarretedetreparfaite.com autant de fois que tu le souhaites. Pour plus de style, il ne te restera qu'à encadrer celui que tu préfères et à l'accrocher chez toi. Pour que tu n'oublies jamais qu'il n'y a pas besoin d'être parfaite pour faire quelque chose de bien, apprécier sa vie et (s')aimer.

Juste avant de nous quitter, je te donne encore dans les dernières pages les 20 livres que je recommande pour vivre l'imperfection heureuse. Si tu ne devais en choisir qu'un, je te conseille le livre jeunesse *Mon amour* d'Astrid Desbordes et de Pauline Martin. Cet album illustre à lui seul, pour les petits et les grands, l'essence même du « J'arrête d'être parfaite ».

Prends soin de toi.

Visualise tes progrès !

Je te propose de faire le bilan de ta progression en termes de lâcher-prise, depuis que tu as démarré la lecture de ce livre. Alors, coche les cases ci-dessous qui te correspondent :

- ❏ Tu ne cherches plus à faire les choses parfaitement, mais à faire de ton mieux.
- ❏ Tu es capable d'aller te coucher en laissant du désordre dans ton salon sans te rendre malade, ni culpabiliser.
- ❏ Tu ne fais pas tout un drame si tu te trompes de sortie d'autoroute et que tu es en retard.
- ❏ Tu acceptes l'imprévu.
- ❏ Tu fais le plein d'essence sans te focaliser sur le chiffre rond.
- ❏ Tu distingues facilement le bon du mauvais perfectionnisme.
- ❏ Tu es à l'aise avec tes échecs.
- ❏ Tu tentes des choses sans savoir si tu as tes chances.
- ❏ Tu te fixes des objectifs atteignables et un pas à la fois.
- ❏ Tu te récompenses.
- ❏ Tu (te) donnes de nouvelles chances.
- ❏ Tu ne recherches plus sans cesse l'approbation des autres.
- ❏ Tu connais tes limites et tu les respectes.
- ❏ Tu es capable de reconnaître tes besoins et de les écouter.
- ❏ Tu te donnes du temps.
- ❏ Tu arrêtes de te comparer.
- ❏ Tu n'as plus peur de ta vulnérabilité.
- ❏ Tu t'autorises à être toi-même.
- ❏ Tu te fais plaisir.
- ❏ Tu regardes au-delà des imperfections.
- ❏ Tu connais tes priorités.
- ❏ Tu oses dire « non ».

- ❑ Tu passes à l'action même lorsque tu n'as aucune garantie que cela se passera bien.
- ❑ Tu as un langage intérieur bienveillant envers toi-même.
- ❑ Tu connais tes forces.
- ❑ Tu vis dans le présent et dédramatise le quotidien.
- ❑ Tu t'aimes telle que tu es, sans conditions.

Bravo pour tout ce que tu as accompli !

Je suis fière de toi, d'abord pour avoir été au bout de ce parcours, ensuite pour les actions que tu as mises en place. Et ce n'est que le début, on a toute la vie pour progresser. En attendant, champagne pour aujourd'hui !

« Aujourd'hui est le jour que je préfère », comme le dit si bien Winnie l'ourson.

Récapitulatif des actions de coaching

- **Jour 1 :** Offre-toi un cadeau, des fleurs, un massage, un bijou, peu importe, une chose qui te fait plaisir pour célébrer tout ce que tu ne fais certes pas parfaitement, mais tout simplement bien !

- **Jour 2 :** Programme dans ton agenda une séance de trampoline en salle ou dans ton jardin. Allez, arrête les excuses ! J'ai vu sur Facebook une de mes tantes de plus de 50 ans en faire. Toi aussi, tu peux !

- **Jour 3 :** La prochaine fois que tu seras devant un ascenseur, tu penseras à moi et tu te souviendras que pour atteindre tes objectifs, tu as le droit de prendre ton temps et d'avancer un pas à la fois, comme dans un escalier. C'est ça viser l'excellence et non la perfection !

- **Jour 4 :** Discerne dans ton quotidien le code couleur de ton cœur, et exprime-le autour de toi. Pour faire un raccourci, tu peux dire : « Je suis orange là, j'ai besoin de prendre l'air. » Si tu as des enfants, tu peux aussi les aider à comprendre leurs émotions en leur proposant de faire de même.

- **Jour 5 :** Regarde-toi chaque matin dans le miroir avec un sourire et dis-toi « Je m'aime un peu plus chaque jour. » Fais-le jusqu'à ce que cela devienne une vérité dans ton cœur, qui produira des choix et de nouvelles habitudes.

- **Jour 6 :** La musique a le fabuleux pouvoir créateur d'accompagner nos émotions : peur, joie, tristesse, colère, dégoût... Rends-toi sur mon blog pour écouter la playlist qui te donne la patate pour entreprendre tes projets en visant l'excellence au lieu de la perfection !

- **Jour 7 :** Remplis ton diplôme de « Recherche de l'excellence » et pèse l'engagement que tu prends envers toi-même à cette occasion.

- **Jour 8 :** Fais trois listes :
  1. Tout ce qui te convient et te procure de la joie. Fais en sorte de pouvoir retrouver cette liste facilement pour les jours où tu n'auras pas le moral.
  2. Tout ce qui ne te convient pas et sur lequel tu peux faire quelque chose pour que ça change. Décide de faire de ton mieux, un pas à la fois, sans te rendre malade pour ces choses.
  3. Tout ce qui ne te convient pas et sur lequel tu ne peux absolument rien faire. Déchire cette liste avec l'intention de ne plus être victime de tes circonstances. Laisse tomber ces choses sur lesquelles tu n'as aucun contrôle. Reprends ton cœur pour choisir la vie.

- **Jour 9 :** Ose une folie, quelque chose qui dans ta réalité ne se fait pas, parce que tu te juges « trop » ou « pas assez » : comme porter un short ou encore manger avec les doigts, sauter sur le canapé, ne pas se (dé)maquiller, passer Noël tranquille loin du repas traditionnel barbant, planter une tente dans le salon pour le week-end, mettre une couleur de vernis différente à chaque doigt, faire du coloriage, partager un repas les yeux bandés, faire des roulades, s'inviter à manger chez des amis, etc. Vas-y, vis !

- **Jour 10 :** Programme de la joie dans ta semaine. Chaque semaine, offre-toi trente minutes, une heure, deux heures, trois heures, peu importe le temps que tu vas y consacrer, pour ressentir de la joie. J'entends par joie un peu de folie, une chose qui vient bousculer tes habitudes et ton quotidien bien huilé, parfait, et osons le dire : ennuyeux ! En fonction de ton niveau de perfectionnisme, cela peut être : on marche pieds nus, on reste en pyjama toute la journée, on ne fait pas le ménage *(là, t'es une ouf !)*, je laisse mes enfants me coiffer et me maquiller, etc.

- **Jour 11 :** Lorsque tu hésites à faire un choix demande-toi :
  - « Qu'est-ce qui pourrait (m')arriver de pire ? »
  - « Qu'est-ce qui pourrait (m')arriver de meilleur ? »
  - « Quelles sont les conséquences que je suis prête à assumer entre les deux ? »

Quand tu as la réponse à ces trois questions, tu es prête pour assumer la responsabilité de tes choix et de tes résultats, peu importent les imperfections et les imprévus. C'est ça, choisir la joie !

• **Jour 12 :** Écris une lettre de reproches spontanée sur du papier toilette (si si, ça marche, j'ai essayé !), qui s'adresse dans une première partie à toi-même et dans une seconde partie aux autres. Ne te relis pas, décharge tout ce que tu as sur le cœur. Ensuite, mets tout ça en boule et rends-toi « là où l'empereur va seul ». Jette tout ce dont ton cœur t'accuse et se victimise dans « la mer de l'oubli » (tire la chasse quoi !).

• **Jour 13 :** La musique a le fabuleux pouvoir créateur d'accompagner nos émotions : peur, joie, tristesse, colère, dégoût... Rends-toi sur mon blog pour écouter la playlist qui met du soleil et des énièmes chances dans ton quotidien pour apprécier celui-ci malgré les circonstances et les imperfections !

• **Jour 14 :** Remplis ton diplôme de « Recherche de la joie » et pèse l'engagement que tu prends envers toi-même à cette occasion.

• **Jour 15 :** Augmente le temps que tu consacres aux domaines ou aux activités qui expriment tes forces. Retombe en enfance pour faire ce que tu aimes (comme du coloriage par exemple).

• **Jour 16 :** Décide de faire chaque jour une petite chose où tu ne réponds qu'à ton besoin profond d'amour (même si cela équivaut à porter un casque antibruit dix minutes ou à prendre trois grandes et profondes respirations pieds nus dans l'herbe).

• **Jour 17 :** Dis ces trois phrases à voix haute en fermant les yeux et avec l'intention d'ouvrir une nouvelle voie pour les générations futures :
- « Aujourd'hui je choisis de vivre ma vie. »
- « Je renonce au mensonge selon lequel je dois rendre des comptes à ma famille pour être parfaite à leurs yeux. »
- « Je m'autorise à être telle que je suis. »

• **Jour 18 :** Prépare-toi une boîte d'amour, dans laquelle tu pourras piocher chaque jour un nouveau Post-it coloré à emporter avec toi, sur lequel tu auras au préalable écrit ce que tu aurais besoin d'entendre un peu plus souvent. (Exemples : « Merci pour ton travail », « Tu es exceptionnelle », « Chaque jour avec toi est un cadeau », « Tu rends le monde meilleur », « Merci pour tes efforts », « J'aime tes yeux », « Tu es passionnante », « Tu es formidable », etc.).

• **Jour 19 :** Remplace tes « Je t'aime fort » par des « Je t'aime toujours ». L'idée du « toujours » traverse le temps et les circonstances. Que ce soit pour toi-même, dans ton couple ou avec tes enfants, l'amour inconditionnel se moque de la perfection et des standards. C'est un amour qui aime « quand » et non pas « si ».

Tu peux même détailler cet amour avec des exemples précis :

- « Je t'aime quand tu penses à moi et quand tu oublies. »
- « Je t'aime quand tu es beau/belle et quand ça n'a pas d'importance. »
- « Je t'aime quand tu cuisines et quand tu attends que je le fasse. »
- « Je t'aime quand tu es toi-même et quand tu fais semblant. »
- Etc.

• **Jour 20 :** La musique a le fabuleux pouvoir créateur d'accompagner nos émotions : peur, joie, tristesse, colère, dégoût... Rends-toi sur mon blog pour écouter la playlist qui t'aide à (t')aimer toujours et pour toujours.

• **Jour 21 :** Remplis ton diplôme de « Recherche de l'amour » et pèse l'engagement que tu prends envers toi-même à cette occasion.

• **Bonus :** Tu n'as pas besoin d'être parfaite, mais audacieuse : oser la vraie vie, oser être toi ! C'est pourquoi j'ai eu envie de te faire un cadeau, un bonus réservé aux lectrices les plus motivées :) J'ai créé l'« Académie des Audacieuses », qui est un programme de coaching comprenant 30 vidéos, des PDF, des exercices pratiques et un groupe de soutien privé pour se connaître, s'aimer, se faire confiance et se réaliser.

Si tu souhaites recevoir gratuitement les trois premières vidéos de l'Académie :

- prends-toi en photo avec le livre ;
- poste-ça sur Facebook en taguant une amie ;
- ajoute en commentaire « Merci @Cindy J'arrête d'être parfaite » ;
- envoie-moi en MP ton adresse mail.

Je serai ravie de pouvoir t'envoyer ton cadeau. À très vite !

Les 20 livres que je te recommande pour vivre l'imperfection heureuse

Thomas d'Ansembourg, *Cessez d'être gentil, soyez vrai ! : Être avec les autres en restant soi-même*, Éditions de l'Homme, 2014.

Céline B., *Le Quotidien d'une mère imparfaite*, Éditions Nour (format Kindle).

Tal Ben-Shahar, *L'Apprentissage de l'imperfection : Ne plus avoir peur d'être soi*, Pocket, 2011.

Brené Brown, *Cessez d'être parfait, soyez vous-même ! : Faire de ses imperfections sa force*, Leduc.s éditions, 2016.

Brené Brown, *Comment affronter l'adversité : Se relever après la chute*, Guy Trédaniel éditeur, 2017.

Brené Brown, *Dépasser la honte : Comment passer de « que vont penser les gens » à « je suis comme je suis »*, Guy Trédaniel éditeur, 2015.

Brené Brown, *La Force de l'imperfection*, Leduc.s éditions, 2014.

Brené Brown, *Le Pouvoir de la vulnérabilité : La vulnérabilité est une force qui peut transformer votre vie*, Guy Trédaniel éditeur, 2014.

Olivier Clerc, *J'arrête de… (me) juger !*, Éditions Eyrolles, 2014.

Astrid Desbordes et Pauline Martin, *Mon amour*, Albin Michel Jeunesse, 2015.

Frédéric Fanget, *Toujours mieux ! Psychologie du perfectionnisme*, Odile Jacob, 2006.

Isabelle Filliozat, *Il n'y a pas de parent parfait : L'histoire de nos enfants commence par la nôtre*, Poche Marabout, 2013.

Diane Gagnon, *Apprendre à s'aimer un jour à la fois : 366 réflexions quotidiennes pour apprivoiser le bonheur*, Les Éditions Smart Cat Inc., 2015.

Debi Gliori, *Je t'aimerai toujours, quoi qu'il arrive…*, Gautier Languereau, coll. « Les grandes thématiques de l'enfance », 2014.

Christine Lewicki, *J'arrête de râler !*, Éditions Eyrolles, 2011.

Alice Miller, *C'est pour ton bien : Racines de la violence dans l'éducation de l'enfant*, Flammarion, coll. « Champs essais », 2015.

Lady Montmartre, *Je suis une nana extraordinaire ! (et j'assume) : Guide psycho-magique pour apprendre à s'aimer enfin !*, Éditions Eyrolles, 2017.

Monica Ramirez Basco, *Y a-t-il des perfectionnistes heureux ?*, Éditions de l'Homme, 2015.

Raphaëlle Simon, *Imparfaite et débordée : Chroniques d'une maman d'aujourd'hui*, Salvator, 2016.

Vincent Trybou, *Trop perfectionnistes ? : Manuel pour les accros du détail*, Josette Lyon, 2016.

✎ Pour contacter Cindy

- Tu voudrais m'envoyer ton avis, une suggestion sur ce livre ?
- Tu serais ravie de partager ton expérience en écrivant sur mon blog ?
- Tu as soif de plus de contenu et de recevoir de mes nouvelles régulièrement ?
- Tu aimerais me rencontrer et participer à l'un de mes ateliers d'estime de soi ?
- Tu souhaites un coaching personnalisé à distance ?
- Tu organises un événement pour les femmes ou les familles et voudrais m'inviter ?

Rejoins-moi sur ma page Facebook « Cindy Ghys - J'arrête d'être parfaite », et retrouve mes actualités et mes programmes de coaching sur mon site Internet https://jarretedetreparfaite.com